高原科学与可持续发展研究院人文社会科学系列资助项目
国家自然科学基金项目（项目号：42171165）
青海师范大学地理科学学院学科建设经费支持项目
青海省人才办"青海省高端创新人才千人计划"项目（2019006）
青藏高原地表过程与生态保育教育部重点实验室项目
青海省自然地理与环境过程重点实验室项目

昆仑上下

青海的史前文化

侯光良　著

西北大学出版社
·西安·

图书在版编目（CIP）数据

昆仑上下：青海的史前文化/侯光良著．— 西安：西北大学出版社，2023.4
　ISBN 978-7-5604-5120-6

Ⅰ．①昆…　Ⅱ．①侯…　Ⅲ．①史前文化—研究—青海　Ⅳ．①K294.4

中国国家版本馆 CIP 数据核字（2023）第 072227 号

昆仑上下：青海的史前文化
KUNLUN SHANGXIA QINGHAI DE SHIQIAN WENHUA

著　　者	侯光良
出版发行	西北大学出版社
地　　址	西安市太白北路 229 号
邮　　编	710069
电　　话	029-88303593
网　　址	http://nwupress.nwu.edu.cn
E - mail	xdpress@nwu.edu.cn
经　　销	全国新华书店
印　　装	陕西隆昌印刷有限公司
开　　本	720 毫米 × 1020 毫米　1/16
印　　张	14.75
字　　数	235 千字
版　　次	2023 年 4 月第 1 版　2023 年 4 月第 1 次印刷
书　　号	ISBN 978-7-5604-5120-6
定　　价	138.00 元

本版图书如有印装质量问题，请拨打 029-88302966 予以调换。

序 言
Foreword

  这是一部涉及地理学、历史学、考古学、语言学、生物学等多个学科领域的有学问又有趣味的普及性著作，虽是以青海史前文化为重心，但不少内容已经涉及青藏高原乃至全国，年代上也是古今贯通。以"昆仑上下"作为主标题也是合适的，因为昆仑山不仅是青海省的中脊，更是中国最知名的神山之一。昆仑在文化传承中本意为宇宙苍穹之顶，《山海经》中说昆仑虚是"帝之下都"，这里还有西王母、大禹等的传说，"其光熊熊，其气魂魂"的昆仑在近现代还象征着一种正气浩然的民族精神。

  作者侯光良教授是自然地理学出身，在环境演变和人地关系研究等方面深有造诣，又对考古学和历史学有特殊兴趣，尤其对考古学有比较深入的了解；在做自然地理考察的同时，兼顾考古学调查，收集了不少一手资料，所以书中关于青海史前考古的描述才显得既专业又真切。光良教授本身是青海人，又在青海师范大学工作，该书字里行间都透露着他对家乡的热爱，充满对现实的关怀。该书先是介绍青海的自然生态环境，再叙述十几万年以来人类逐步登上青藏高原的艰辛，以及数千年来先民在河湟两岸发展农业、创造灿烂彩陶文化的历程，还涉及汉藏语系形成、彩陶文化传播演化、彩陶纹饰内涵等诸多重要问题。后面是对长江黄河源头的综合考察，对东西文化交流的思考，对经济生态现状的关切。本书视野宏阔，夹叙夹议，文笔优美，生动活泼，有些篇章本身就是游记或散文，写到用情处有时还会附上诗歌，读来很令人动情。

  我在2010年造访过青海师范大学，也就是光良教授所在的单位，是和当时我所在单位北京联合大学的校领导一起去的。记得去之前校党委书记徐永利教授给我看了一篇文章，题目是"西安天下安，西宁天下宁"。我在青海也做过考古调查，"大美青海"给我留下了深刻的印象。我对广义的青海史前文化有几点粗浅的认识，提出来供光良教授和读者们批评。

第一，青海史前文化有大体完整的时代序列，但文化发展则不见得都是连续的。最早是一二十万年前的旧石器时代中期，然后是距今三四万年的旧石器时代晚期，距今1万多年的拉乙亥遗址代表中石器时代，约距今5500年的仰韶文化庙底沟期代表新石器时代晚期，约距今5000年的马家窑文化马家窑类型、宗日类型代表铜石并用时代，约距今4500年的马家窑文化半山类型、马厂类型和齐家文化早中期代表青铜时代早期，约距今3800年的齐家文化晚期代表青铜时代中期，约距今3500年的辛店文化、卡约文化代表青铜时代晚期和铁器时代早期。这里面新石器时代以后其实已经进入中国古史的传说时代，严格来说当属于"原史"而非史前时期，约距今4000年以后更是已到夏商周时期，属于原史向历史过渡时期。

第二，青海史前时期以狩猎采集和畜牧业为主，农业经济出现较晚且不够发达。旧石器时代、中石器时代一二十万年长期属于狩猎采集时期，直到距今5500年左右才在河湟谷地出现粟作农业，距今5000年以后可能已经出现绵羊、山羊、黄牛等的放养，有了畜牧业，之后在河湟谷地等适合农业的区域就是以农业为主、兼有畜牧业的生业方式，其他地区可能是半农半牧甚至畜牧的生业方式。狩猎采集和畜牧业发达，农业出现较晚且局限在部分地区，这当然与青海的地理位置和自然环境直接关联。

第三，青海史前文化是"多支一体"的"早期中国文化圈"的重要组成部分。约距今6000年，由于陕、晋、豫核心区仰韶文化庙底沟类型的扩张影响，"早期中国文化圈"或者"文化上的早期中国"正式形成。稍后庙底沟期仰韶文化西进甘青，将青海也纳入文化上的早期中国的范围。之后的马家窑文化、齐家文化、辛店文化、卡约文化等归根结底都是在当地特色的仰韶文化基础上发展起来的，而且在发展过程中还不断有来自中国中东部地区的文化和人群进入，比如半山类型的屈肢葬、洞室墓等因素就来自内蒙古中南部甚至西辽河流域；齐家文化整体来自甘肃中东部，齐家文化的玉器等因素源自中原甚至东部沿海地区，这就进一步加强了青海和中国中东部地区文化的联系。

第四，青海是早期中西文化交流的关键节点之一。民和阳洼坡遗址出土的距今5500年左右的锯齿纹彩陶，可能与青海和中亚南部土库曼斯坦等地的交流有关，这也是目前发现的早期中西文化交流的最早证据之一。之后马家窑文化马家窑类型的舞蹈纹彩陶、半山类型的锯齿纹彩陶等，也可能受到了来自中亚、伊朗等地的影响。而受宗日类型影响产生的西藏东部的卡若文化，则将包括粟作农业在内的文化要素远距离传播到克什米尔地区。再往后青海地区青铜器技术、小麦等的出现都与中西交流有关，而中国这边的彩陶、粟作农业等也渐次影响到中亚甚至欧洲等地。青海的柴达木盆地边缘应当是早期中西交流的重要通道之一，值得关注。

第五，青海史前人地关系比较复杂。距今5500年左右的气候冷期，受东亚季风控制的华北大部地区资源减少、生活压力增大，社会矛盾激化而开始向文明社会迈进，恰好此时农业文化却西进青海。"4.2千年冷期"造成北方文化大规模南下、文化格局巨变和夏王朝的诞生，齐家文化却西进青海。气候冷期非但没有造成青海文化的衰退，反而有新的农业人群进入，这可能与青藏高原独特的气候环境特点有关，可能还与当地较早出现的畜牧业作为农业的补充有关。距今4000年以后畜牧业成分的逐步加大则与气候干旱化空间范围扩大的趋势相适应。

总体来看，青海虽然不是中华文明起源和形成的核心区域，但也是文化上早期中国和中华文明共同体的重要组成部分，通过青海等地展开的早期中西文化交流对中西方文明的形成和发展都起到过重要作用。

我的这些看法在光良教授的书中或多或少都有涉及，不少观点还是彼此相近的。不过有的说法我还有些疑问，比如江西沟的陶片是否真能早到距今7000年？宗日遗址的马家窑陶器真的是从河湟谷地运来的？我看光良教授在文中选择的3个红黏土标本都是在河湟谷地西宁附近，并没有共和盆地的标本。还有个别说法是不够准确的，比如他认为代表五千年前中国高度和水平的中心在长江流域而不在黄河流域。长江下游的良渚当然能代表五千年中华文明，但同时期的甘肃庆阳南佐遗址与其相比也并不逊色。只是由于我们对南佐遗址的发掘材料公布不够及时，导致包括光良教授在内的很多学者对南佐遗址和黄河中游地区重视不够，这是我们考古发掘者的问题。以上疑问可以大家共同思考与探讨。总体来看，《昆仑上下：青海的史前文化》一书涉及范围要比我谈到的广得多，也要生动有趣得多，很值得一读。

韩建业

2022年10月

目录 Contents

第一辑 昆仑风物

大美青海——青海自然生态环境 … 2
天路漫漫——人类征服高原历程 … 15

第二辑 河湟两岸

史前奇葩——西北地区新石器文化与彩陶 … 32
共出一脉——汉藏语系的传播与演化 … 42
河牵姻缘——马家窑文化与宗日文化的共存与交流 … 55
舞动滔滔——彩陶上的人纹释读 … 67
方圆几何——彩陶上的数学知识 … 74
彩陶成河——柳湾 … 80
泽润四方——彩陶后人今何在？ … 85
彩陶密钥 … 89
河湟寻古 … 96

第三辑 江河汤汤

源头寻踪 … 102
江源如帚 … 112
大河上下 … 118

家园——青海湖 …………………………………………… 127
走进喇家遗址 …………………………………………… 140
《山海经》与青海 ………………………………………… 149

第四辑　贯通东西

丝路遗珍 ………………………………………………… 154
沈那巨型铜矛 …………………………………………… 164
玉石之路 ………………………………………………… 169
琮行天下 ………………………………………………… 176

第五辑　生生不息

青海畜牧业的产生与发展 ……………………………… 190
你们去哪了？——青海东部生物多样性演变 ………… 200
青海曾经有虎？ ………………………………………… 213
参考文献 ………………………………………………… 219
后记 ……………………………………………………… 224

第一辑

昆仑风物

大美青海——青海自然生态环境

青海省地处世界屋脊——青藏高原，是我国西部一处十分美丽的地方，它的美体现在方方面面，尤其是在自然美、生态美、原真美、纯净美上。

一、青海省的概况和区位

1. 青海省行政设置与区划

青海省于 1929 年建省，至今已走过 90 余年的光辉历程，是中国最年轻的省份之一。

青海省从外形看像只头朝向东方的玉兔（图 1-1），青海湖就是玉兔的眼睛。通过地图我们可以看到：以青海湖为中心，北边是海北藏族自治州，西边是海西蒙古族藏族自治州，南边是海南藏族自治州，东边是海东市和西宁市。截至 2020 年，全省现有 2 个地级市、6 个自治州、7 个市辖区、4 个县级市、25 个县、7 个自治县、1 个县级行委。青海省简称青，因境内有青海湖而得名。青海省的许多区域都是自治州，但国家在规划行政区域时把青海设置为省，并未设置为自治区，这是因为设置为省，既能代表地域特点，又服务于国家战略与经济利益为基础的长远发展。

青海东部的河湟谷地，虽然面积不大，但它是青海省的精华所在。现在青海省有近 600 万人口，有 70% 以上的居民生活在河湟谷地，这里是青海人民赖以生存的家园，也是一块独特而美丽的土地。

2. 青海省的地理位置

青海省地处祖国的西北部，位于青藏高原东北部，是连接西藏自治区、新疆维吾尔自治区与内地的枢纽，因此青海有"内地人看它是边疆，边疆人看它是内地"的特殊地位。另外青海东部素有"海藏咽喉""西域之冲"

第一辑 昆仑风物

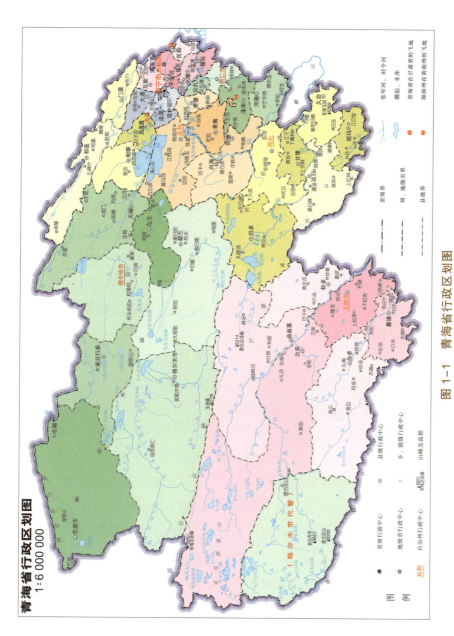

图1-1 青海省行政区划图

[青海省电子地图下载服务系统 http://qinghai.tianditu.gov.cn/QhAtlas/ 审图号：青S（2004）001号]

等称谓，是内地进入西藏自治区与新疆维吾尔自治区的跳板，因此地理位置和战略位置非常重要。从地形上来看，青海省位于青藏高原，东接黄土高原，西部、南部连接西藏高原，北部、西北部分别与河西走廊及塔里木盆地相邻，因此青海是连接几大地形区的纽带。常有人在描述西宁时会说，西宁处于黄土高原与青藏高原的过渡地带，那么西宁到底属于黄土高原还是青藏高原呢？答案是明确的，青海省全境都属于青藏高原。青海东部的河湟谷地虽然与黄土高原有着千丝万缕的联系，在景观上也很相似，但是海拔已经比黄土高原高出一截，因此西宁属于青藏高原，毋庸置疑。

3. 青海省的地域面积

青海省幅员辽阔，面积72.3万 km^2，占全国面积的7.5%，仅次于新疆维吾尔自治区、西藏自治区、内蒙古自治区，居全国第四。我国面积最大的省份都是在边疆地区和少数民族地区，它们是祖国不可分割的神圣领土。从世界范围来看，全球共有223个国家和地区，比我国青海省大的国家和地区只有38个，因此面积广阔、资源丰富是青海省的优势之一。

4. 青海省的战略价值

青海省虽然地理位置略偏，但人口少、地域大、经济状况尚可。例如，青海省2019年GDP（国内生产总值）总量虽不高，但是人均GDP排在全国第二十五位，属于中等偏下。

除此之外，青海省还有巨大的战略价值。南枕西藏、北望新疆、东通陇地、南下蜀滇，举世闻名的丝绸之路南道贯穿青海省全境，交通位置极佳，是我国西部地区的一个重要宝地。习近平总书记曾多次来青海考察，他说："青海最大的价值在生态，最大的责任在生态，最大的潜力也在生态。"2021年6月7日至9日，习总书记在青海考察时强调，青海省是稳疆固藏的战略要地。尤其是当今中美博弈的大背景下，地理位置也成为一种珍贵的战略资源。青海省地处祖国西北腹地，这里具有一定的战略性与隐蔽性，所以务必要保护好青海的战略资源，树立对青海的自信，包括发展自信、文化自信及省情自信。

二、青海省的地形地貌

1. 青海省的地形

青海省北部有祁连山、阿尔金山等高山,中部主要有河湟谷地、青海湖盆地、共和盆地、柴达木盆地,南部是高耸入云的青南高原。全省地形可以概括为:北边高、中间低、南边高(图1-2)。青海省海拔较高,自然环境极其严酷。全省大部分面积海拔较高,85%的面积在海拔3000 m以上。

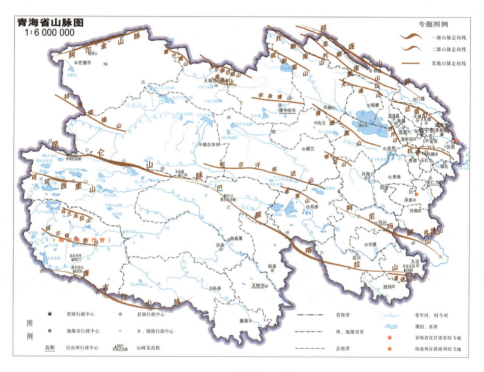

图1-2 青海省地形图

[青海省电子地图下载服务系统 http://qinghai.tianditu.gov.cn/QhAtlas/ 审图号:青S(2004)001号]

青海省多有名山,北部有祁连山、阿尔金山等高大山脉,南部有巴颜喀拉山、昆仑山等。这些山的名字从何而来呢?例如祁连山,它的意思是高耸入云的山。据说这是匈奴人的语言,汉朝时匈奴人在此处生活,那么这座山的名字可能已经有2000多年的历史了。昆仑山的名字也由来已久,最早的地理学著作《山海经》中已经有昆仑之丘的记载,即可以追溯到神话时代，据说这里是西王母和神仙居住的地方。

青海省海拔高差大，地形立体而复杂，最高点为新青峰，也叫布喀达坂峰，海拔6860 m；最低点为民和下川口，海拔1644 m。其高差之大，形成了立体多样的地形特征，也为人们提供了广阔而多样的生存空间。新青峰地处可可西里地区，那里人迹罕至，至今仍覆盖着一层神秘面纱。

图1-3　青海省最高点与最低点［布喀达坂峰（上）（任晓刚 摄），民和下川口（下）］

民和下川口（图1-3）被称为青海第一村，历史上西汉在青海最早的县府就设立在此。这里是进入青海，乃至整个青藏高原的东大门，交通位置非常重要。民和下川口为什么被叫作"青海东大门"呢？因为这里有109国道、京藏高速公路（G6）、兰西铁路等，可谓是陇海通途之地。

2. 青海省的地貌

青海省有典型的地质内力作用形成的地貌。例如雪海绵绵的昆仑山，它是由印度板块碰撞挤压亚洲板块隆升而形成的。2022年1月的门源地震，对于地球来说只是一次普通的地壳小震动，但对我们人类来说却是惊天动地的大事件。青海省内的各种地质遗迹也很好地见证了这种地质构造的变化。

青海省还有非常典型的地质外力作用形成的地貌。例如位于果洛的年保玉则，它是冰川作用形成的，属于典型的冰川地貌；而化隆群科附近的黄河流域，发育着河流地貌，同时山谷两侧是古滑坡分布密集的地段，其流水作用非常强，再加之快速隆升的青藏高原，二者叠加形成了河流阶地和巨大古滑坡群；在黄河李家峡段中的丹霞地貌则是由黄河冲刷而成的。多种多样的地貌组合诞生了壮观的黄河上游峡谷地貌，这也是青海省发展生态旅游的天然资源。

坎布拉地质公园（图1-4）是以奇特的丹霞地貌为主体的自然地质景观。公园内多奇峰、方山、洞穴、峭壁，远远望去，山色丹红宛若朝霞，

图1-4　坎布拉地质公园

图1-5 昆仑山口北麓的格尔木河一线天

山体形状如塔,气势磅礴。

青海省的西部也可谓是精彩不断。以昆仑山国家地质公园为例,公园内可以看到一线天奇特景观。一线天是由于青藏高原不断隆升,水流向下流,在格尔木河上所形成的深切的河谷(图1-5),它也是青藏高原迅速隆升的证据。在这里还可以看到昆仑山玉珠峰的现代冰川、冰缘、冻土等地貌,景色壮美。这些景观都是大自然的杰作。这里还有冰缘地貌的一种——石环,是石块在地面上自然地形成环状,并非人为造成,这也是大自然分选的产物。2001年11月14日,昆仑山发生了一次8.1级强烈地震,在地表形成了一条总长约426 km的地震破裂带。庆幸的是,地震发生时青藏铁路尚未修建完成,所以并未受到破裂带的影响,否则会造成巨大的损失。昆仑山国家地质公园是地质遗迹富集区,亦是一处既可以观光又可以科考的宝地。此外,青海省的国家地质公园还有阿尼玛卿山、年保玉则、坎布拉地质公园等,这些地区景色均十分优美,地质遗迹非常典型,是青海省无比宝贵的自然财富。

三、青海省的气候

1. 青海省的气候概况

青海省的气温总体偏低。省会西宁市的气候特点是冬季不太寒冷,夏季比较凉爽。冬天由于河湟谷地地形特殊,阻挡了寒流,所以不太寒冷,而青南高原地区则比较寒冷。西宁市夏天较凉爽,全年最热月平均气温17.2℃。但内地同纬度的城市平均气温大多接近30℃,如石家庄28℃,

北京 27.4 ℃，济南 28.1 ℃，郑州 28.9 ℃，因此夏天的西宁市是极佳的避暑胜地（表 1-1）。

表 1-1　全国部分城市与西宁市 7 月平均气温比较

城市	西宁	格尔木	北京	石家庄	长春	上海	太原	郑州	济南
7 月平均气温/℃	17.2	17.4	27.4	28	23.5	29.7	24.5	28.9	28.1

2. 青海省的气候价值

从降水量来看，青海省降水量的分布东南多，西北少，而柴达木盆地降水量最少。降水少也有其益处，如下雨少、光照强、海拔高、大气透明度高，适宜发展太阳能光伏产业；风速比较大，则适合发展新能源。现在国家倡导实现碳达峰、碳中和，青海省恰好可以发挥其优势。目前青海省是全国新能源和清洁能源比重超过传统能源的少数省份之一，已经实现了连续 100 天使用新能源纪录，这是青海省的一大优势。

此外，青海省海拔高、日照强、光合作用强。柴达木地区的诺木洪曾创造了小麦亩产量最高的世界纪录，一亩地产量将近 1000 千克，农业发展具有一定的潜力。柴达木盆地干燥的气候使这里成为全世界最佳天文台选址之一。国家计划在冷湖赛什腾山区建一座天文台，因为这里降水量极低、晴朗时间长、大气洁净度和透明度高，同时也与火星基地等相呼应。人们可以来此地感受星空的美好，同时也能带动当地的旅游业发展，实现双赢。

四、青海省的植被

青海省的植被也十分丰富，森林、灌丛、草原、草甸均可见，其中草原和草甸占比较大。青海省也是我国著名的四大牧场之一，这里的牛、羊基本是纯天然放养，很少使用饲料，是名副其实的绿色有机牧场，这是青海省打造绿色有机农畜产品输出的重要基础。此外，此地的植被也有一些特殊种属，如青海云杉就是青海省的植物标志之一。

青海省的植物有其特殊之处，这是长期进化的结果，青藏高原的高寒特征使植物生长进化以应对此地高寒的气候。如塔黄叶子在太阳出来后搭成一个小棚子，棚下非常暖和，能够起到良好保暖作用；雪兔长得毛茸茸的，为了不与外界接触给自己穿了件"羽绒服"以达到防水、防风和保暖的目的；报春花科的垫状地梅酷似苔藓却不是苔藓，它为了适应青藏高原的高寒、大风气候，依地而生。此地特殊的气候条件造就了独一无二的植物界。

高原上的植物又是如何应对干旱的呢？为了应对干旱，防止水分蒸发，青藏高原上的植物在长期进化过程中，叶子逐渐退化，依靠茎秆进行光合作用。如金露梅为了防止水分蒸发和防晒，叶子表面有一层厚厚的蜡质，以应对高原气候。还有一些植物为减少水分蒸发，利用茸毛挡住气孔，如高原上的红景天、紫花针茅、高山嵩草等为适应高原环境也进化成了各自独特的植物形态。

高原上的植物开花时会"拼颜值"，颜值高了，吸引昆虫来传粉的机会就增多，因此高原上的花朵色彩都格外鲜艳。

五、青海省的野生动物

青海省的野生动物种类繁多，且许多是国家重点保护野生动物（表1-2）。青海省是野生动物的"天堂"，是极具研究价值和观赏价值的优质资源地之一。

青海省是目前国内野生动物分布比较丰富的地区之一，是全国重要的生物多样性保护地。随着人类活动的日益频繁，野生动物的栖息地大面积缩减，而青海省由于许多地区人类活动较少，成为野生动物的最佳栖息地。许多摄影爱好者慕名而来，一大批高质量的摄影作品也随之产生。例如《生死对决》拍摄了藏狐猎杀旱獭的动人心魄场面，获得了英国自然历史博物馆2019年野生动物摄影比赛行为组（哺乳动物类）冠军；2020年的《当妈妈说跑步前进》获得第56届世界野生动物摄影大赛行为组（哺乳动物类）冠军；刻画藏羚羊在昆仑山腹地的库木库里沙漠行动轨迹的《足迹》，获得2021年美国国家野生生物摄影大赛哺乳动物组冠军（图1-6）。这些荣誉的获得与青海省丰富的野生动物资源息息相关，也让大家更直观地感受到青海省的原生态自然美。

图 1-6　昆仑山腹地藏羚羊——《足迹》（李善元 摄）

表 1-2　青海省国家重点保护野生动物

国家一级保护野生动物	国家二级保护野生动物
云豹、豹、雪豹、藏野驴、蒙古野驴、野骆驼、白臀鹿、白唇鹿、野牦牛、藏羚、黑鹳、中华秋沙鸭、白肩雕、玉带海雕、胡兀鹫、雉鹑、斑尾榛鸡、藏马鸡、绿尾虹雉、黑颈鹤	猕猴、黑熊、棕熊、小熊猫、水獭、荒漠猫、猞猁、兔狲、金猫、麝、马鹿、水鹿、普氏原羚、鹅喉羚、裴羚、斑羚、岩羊、盘羊、大天鹅、疣鼻天鹅、雀鹰、苍鹰、金雕、草原雕、秃鹫、兀鹫、藏雪鸡、高山雪鸡、血雉、藏马鸡、蓝马鸡、红腹锦鸡、蓑羽鹤、大鸨、雕鸮、长尾林鸮、长耳鸮、大鲵、四川哲罗鲑

六、青海省的湖泊与河流

　　青海省的湖泊中最著名的当数青海湖，它是中国最大的湖，面积达 4500 km^2。青海湖是候鸟迁徙的重要中转地，同时也被联合国列为"国际重要湿地"，并加入《水禽栖息地重要湿地公约》，其重要性不言而喻。

　　青海省是长江、黄河、澜沧江的源头，因三江源而著称于世（图 1-7）。

图1-7 壮美的三江源头

发源于青海省的三条河流中，长江是世界第三长河，中国第一长河；唐诗中有"黄河之水天上来"之说，黄河是世界第五长河，中国第二长河，是中华民族伟大的象征；澜沧江是世界第六长河，也是一条国际性河流，国外称为湄公河。三条大河中长江水量的25%、黄河水量的49%、澜沧江水量的15%，均来自青海省。以黄河为例，黄河流域的总人口近5亿，占全国人口的1/3，GDP占全国的1/4；黄河近一半的水来自青海，单就黄河养育了中国的1/3人口和保障了1/4的经济而言，其重要地位可见一斑。保障自青海流出的河流水质，下游居民才有一个洁净水源，因此青海省的生态安全地位重要、责任重大。良好的生态环境对于当地社会发展和人民生活同样意义重大。如青海省的"百岁老人之乡"是玉树，其长寿秘诀与当地清澈的水、碧绿的草、干净的空气，以及绿色的食物息息相关。良好的生态环境自然也让外地游客流连忘返。

七、青海省的生态价值

优良的生态环境是青海省生态价值的最好体现，因此需要我们好好保护它。为此，以国家公园为主体的自然保护地体系应运而生（表1-3）。目前青海省内的国家公园有三个：三江源、祁连山（在建）、青海湖（在建）国家公园。除了国家公园，还有许多其他类型的自然保护地，这些都是青海省厚重的家底，是最大的地方特色。

八、青海省的矿产资源

青海省的矿产资源也十分丰富。如柴达木盐湖是世界级的盐湖资源，生产规模和生产能力名列世界前茅。青海钾肥、盐湖提锂技术的突破，将盐湖资源变成了更宝贵的国家建设资源。

综上所述，国家对青海省有清晰的定位：一是世界级的盐湖产业基地；二是国家清洁能源产业高地；三是国际生态旅游目的地；四是绿色有机农畜产品输出地。这些地方特色与优势都是"大美青海"口号的底气！

表 1-3　青海省以国家公园为主的自然保护地体系

自然保护地类型	子类型	自然保护地名称
国家公园		三江源国家公园、祁连山（在建）国家公园、青海湖（在建）国家公园
自然公园	森林公园	大通国家森林公园、哈里哈图国家森林公园、北山国家森林公园、仙米国家森林公园、祁连黑河大峡谷省级森林公园
	湿地公园	冷湖奎屯诺尔湖省级湿地公园
	风景名胜区	哈拉湖、昆仑野牛谷、柴达木魔鬼城、青海湖、泽库和日、贵南直亥、大通老爷山、海晏金银滩、天峻山、天境祁连
	沙漠公园	冷湖雅丹国家沙漠公园
	地质公园	昆仑山国家地质公园、贵德国家地质公园、德令哈柏树山省级地质公园、阿尼玛卿山国家地质公园、互助北山国家地质公园、年保玉则国家地质公园、坎布拉国家地质公园
	草原自然公园	措日更国家草原自然公园
自然保护区	国家级	孟达国家级自然保护区、大通北川河源区国家级自然保护区、柴达木梭梭林国家级自然保护区、可可西里国家级自然保护区、隆宝国家级自然保护区
	省级	可鲁克湖—托素湖省级自然保护区、诺木洪省级自然保护区、格尔木胡杨林省级自然保护区
自然遗产地		可可西里世界自然遗产地

天路漫漫——人类征服高原历程

一、极端环境与高原反应

青藏高原是全球海拔最高的高原，平均海拔 4400 m。青藏高原面积非常大，达 258 万 km²，占我国国土面积的 26.9%，跨西藏自治区、青海、甘肃、四川、云南和新疆维吾尔自治区 6 个省、自治区，具有缺氧、低温、干燥、大风、辐射强等特点，是全球自然环境极端严酷的区域之一。高原海拔 4600 m 以上基本为无人区，不适于人类生存。人类对高原缺氧等极端环境的适应能力与机制也是国内外学者研究的热点，具有重要的研究意义。因此，完整展现人类对青藏高原的征服历程至关重要，该历程也是人类自身体质、生产技术、社会组织，以及文化交流能力等对极端环境不断适应的过程。

高原反应是人体在高海拔地区出现的一种常见的病理反应。缺氧环境会引发各种各样的生理问题，如高海拔人群易患高原性肺水肿、高原性心脏病等高原病。因此，人从低海拔地区进入高海拔地区，一般都会产生高原反应。高原反应一方面与人的个体差异有关，另一方面与海拔密切相关。但是海拔不是影响高原反应的唯一指标，诸如地形起伏度、植被、水网密度、人体舒适度、含氧量、温湿度与风寒气候等自然因素都会对人体的高原反应产生影响。即便在高原上生活了很长时间的本地人，每当从较低海拔地区到高海拔地区，同样会出现高原反应，甚至会非常严重。因此，高原反应是人体在极端环境中的一个综合反应。

人在高原的特殊环境下，会产生错误的知觉与判断，这常导致人的想法和实际行动未必能完全统一，时常会低估实际的情况。几年前考察组在唐古拉山地区考察时，站在原地看唐古拉山顶峰各拉丹东，觉得很近；但当笔者到了那里以后，却发现实际距离非常远。在长江源头考察时，9月份的河湟谷地还是一片翠绿，但唐古拉山地区早已是一片雪原，周围除了风声之外，一片沉寂。我们曾见到一群候鸟成群结队，正准备翻越唐古拉山，它们的目标是南亚印度次大陆地区，它们要从北半球的高纬度地区到中纬度地区去过冬。笔者当时在想，这些高大山脉只有鸟儿才能飞越，人类怎样才能征服它们呢？但实际情况却是，不管环境怎样恶劣，也无法阻挡人类前进的步伐。青藏高原虽然环境异常恶劣，但却遍布着人类的足迹。

二、中更新世—晚更新世的旧石器时代人类活动

人类最早登上青藏高原究竟是何时？目前的研究仅追溯到了青藏高原邱桑遗址（海拔 4200 m），这是高原腹地的一处手、脚印遗址，包括泉华岩石上的手、脚印及石器（Zhang 等，2021；陈发虎等，2002）。对手、脚印迹的测年结果表明，该遗迹最有可能形成于距今 20.7 万—18.7 万年的中更新世 MIS7 阶段间冰期。这表明早在距今 20 万年左右，青藏高原上已有人类活动，而且是在自然环境较严酷的高原腹地，这大大超出了人们的预料，改变了人们传统的认识。

夏河人的发现为我们带来了更震撼的结果。1981 年，在甘肃省临夏市夏河县的一个溶洞里发现了一个下颌骨化石（图 1-8）。僧人通常哪里安静就到哪里去修行，机缘巧合，当地的一个阿卡在洞中修行时发现了这个化石。他觉得此化石极其珍贵，便献给了当地的一位活佛。后来这位活佛把该化石交给了一个研究沙漠的专家——董光荣老师，董光荣又将化石转交给了兰州大学陈发虎和张生旭老师。对该化石的正式研究启动于 2010 年，2018 年其研究成果正式公布于世。研究结果显示，该化石是 16 万年前的一个人类下颌骨（Zhang et al.，2020）。那么这个人是一个什么样的人，和我们现在的人是否有关系？研究证实这种人叫丹尼索瓦人（2008 年丹尼索瓦人最早在西伯利亚地区被发现），他并不是我们的直系祖先，可能只是我们祖先的堂兄、堂姐或表弟、表妹等，可惜的是丹尼索瓦人现已灭绝。

谈起人类的起源，我们最早的人类大家庭都生活在非洲，后代中流落到欧洲的叫尼安德特人，流落到中亚、北亚的叫丹尼索瓦人，流落到东亚

的就是东亚直立人,而留在非洲的子孙后代则演变成了现代智人。约10万年前,现代智人开始走出非洲,逐渐替代了原先分散在全球各地的叔伯们的后代,于是乎尼安德特人、丹尼索瓦人和东亚直立人都已灭绝,取而代之的是第二批走出非洲的现代智人。然而,实际情况却远比这个复杂。

在19万—16万年前,青藏高原也有人类,只不过这种人是我们现代智人的亲戚——丹尼索瓦人。DNA证据表明,现代智人在六七万年前来到中国。约2万年前的冰期时代,巨大的冰盖覆盖了白令海峡,其通过冰盖形成的陆桥到达北美洲、南美洲;在数千年前现代智人到达最后一站——太平洋的深远腹地,几乎完成了对除南极洲之外所有大陆的占据,可见人类征服地球的历史漫长而又艰辛。现代智人从非洲到达东亚地区时,这里已经有人迹了,这片地区至少有两种人,一种是直立人,另外一种则是丹尼索瓦人。他们如果相遇会发生什么呢?传统理论认为现代智人对丹尼索瓦人和东亚直立人完成了取代,后两者在该地区不复存在。然而事情并非如此简单,丹尼索瓦人已整体灭绝,这是事实;但研究发现,丹尼索瓦人的基因仍然分布在青藏高原及其周边地区的东南亚、南亚,甚至是欧洲的现代居民身体中。因此,现代智人的身体里仍然有丹尼索瓦人的基因。此外,研究还发现藏族同胞的血液里,有少量的丹尼索瓦人的基因。而中国北方地区的部分人也有丹尼索瓦人的基因,可见人群之间的关系较为复杂。现代智人到达东亚地区时,可能并非完全取代了丹尼索瓦人和东亚直立人,他们也并非完全灭绝,三者相遇后可能是产生了某种联系,这种联系可能

图1-8 发现丹尼索瓦人化石的白石崖溶洞(左)与夏河人下颌骨(右)(张东菊供图)

表现在通婚与繁衍上。

此外，在青藏高原东部的四川甘孜稻城发现的皮洛遗址，属于青藏高原第二批较早人类活动的地区。初步研究显示，遗址第三层的年代不晚于距今13万年，平均海拔约3750 m，遗址规模巨大，面积约100万 m^2。遗址内的遗物、遗迹非常丰富，已发现3250余件石制品；地层保存完整，保存有七个连续的文化层。出土的石制品技术特征较为明显，系统展示了"简单石核与石片组合—阿舍利技术体系—小石片石器与小型两面器组合"的旧石器时代较为完整的文化发展序列。尤其是发现了目前东亚地区形态最典型、制作最精美、技术最成熟、组合最完备的阿舍利技术组合石器，以及世界上分布海拔最高的手斧、薄刃斧等阿舍利技术石器遗存（郑喆轩等，2022）（图1-9）。

皮洛遗址连续完整的地层堆积和不同技术风格石器的文化序列说明，13万年以前，先是掌握简单石核与石片组合人群进入高原东部，此后是掌握制作精美手斧、薄刃斧等阿舍利技术体系的人群进入了高原，然后是掌握小石片石器与小型两面器组合人群再次进入高原，表明十几万年以来有不同石器技术风格文化扩张至高原，提示有不同人群在不同时期曾经先后进入高原活动。由此可见，早期人类适应高海拔极端环境的能力远远超出了我

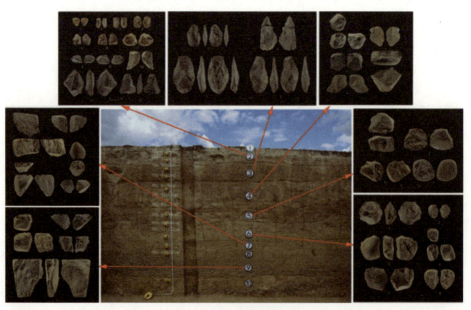

图1-9　皮洛遗址地层及石器（第三层有典型阿舍利手斧）（郑喆轩等，2022）

们的想象,人类进入高原的历程远比我们想象的更加复杂和曲折(郑喆轩等,2022)。

近些年,科学家在西藏藏北羌塘高原色林错发现了尼阿底遗址,测定年代为距今4万—3万年,尼阿底遗址发现的石制品与上述遗址不同,最显著的特征是出土了独特的具有鲜明石叶技术特征的石制品(图1-10)。石叶

图1-10 尼阿底遗址(上)与出土的石叶制品(下)

技术是旧石器时代晚期的一种独特、复杂的石器制作技术，具有"预制石核—定向剥片—系统加工"等一系列规范的打制流程，生产的石制品具有长薄、精致、锋利的特征。这标志着旧石器打制技术的新高峰、人类认知行为能力的新高度，以及人类征服改造自然能力的新提升。石叶技术体系主要流行于非洲、欧洲、西亚和西伯利亚等地区，在我国西部新疆维吾尔自治区、西藏自治区、宁夏回族自治区、内蒙古自治区与东北黑龙江地区有少量发现，因此该石制品技术特征可能提示了亚欧大陆大范围的东西方人群与技术的交流与迁徙（Zhang et al.，2018）。

此外，青海省柴达木盆地的小柴旦湖，也发现了以石核与石片技术特征为主的石制品，推测年代为距今4万—3万年的人类遗迹（黄慰文等，1987），该遗址与尼阿底遗址大体属同一个年代，但是二者石制品技术特征却有较大差异，反映出距今4万—3万年高原上有不同石制品技术特征的不同文化，甚至可能是不同人群在活动。

在青海省玉树藏族自治州玉树县通天河的玉树—称多河谷段，海拔3500 m以上区域的河流阶地上，科考队发现两处含有较丰富打制石器的

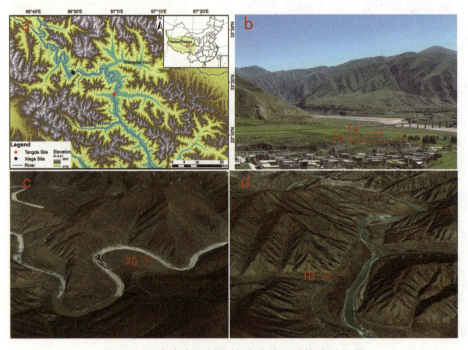

图1-11 青海省玉树县塘达遗址、歇格遗址位置

遗址，分别命名为塘达遗址和歇格遗址（图 1-11）。科考队在塘达遗址 2~4 级阶地上发现打制石器 67 件（图 1-12）。塘达遗址和歇格遗址新发现的石器工业特征鲜明，均属于石核—石片工业，以近距离的优质绿色硅质岩砾石为主体原料，石核以双面剥片和单面剥片模式为主，石制品尺寸较大，工具类型以刮削器为主体，存在少量砾石砍砸器（图 1-12）。塘达遗址、歇格遗址是我国青藏高原东南部腹地首次发现的典型的石核—石片工业。据现有考古材料记载，青藏高原全新世时期石器工业均含有或多或少的细石叶工业因素，而塘达遗址、歇格遗址单纯的石核—石片工业在青藏高原全新世时期遗址中尚未发现，提示该遗址的年代可能早于全新世时期，文化性质与小柴旦遗址较为接近。

青藏高原东南部周边地区更新世时期石器工业呈现显著时空多样性，比较研究显示，塘达遗址、歇格遗址石器工业与长江三峡 2~4 级阶地井水

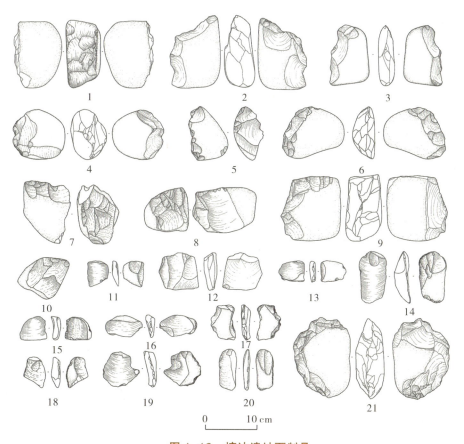

图 1-12　塘达遗址石制品

湾、冉家路口遗址等晚更新世时期遗址石器的剥片模式具有相似性。科考队推断塘达遗址、歇格遗址石器生产者的活动年代大约为晚更新世时期，可能由长江中上游地区（或其他邻近的河流）沿河谷扩散至青藏高原，人群扩散的驱动力可能来自MIS5或MIS3阶段青藏高原东南部的狩猎采集人群人口压力的增大。科考队基于青藏高原东南部腹地新发现的典型石核—石片工业，提出了晚更新世时期东亚人群从东南路线向青藏高原扩散的假说，早期人类占据青藏高原的技术、路线和驱动力可能是多样化的（Chen et al.，2021）。

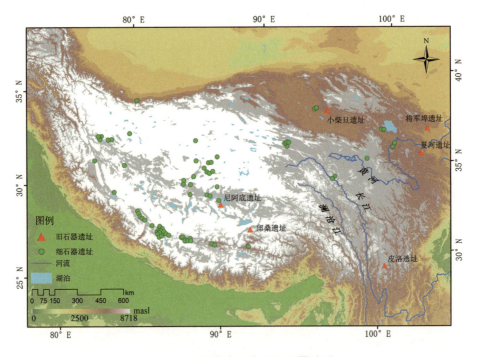

图1-13 青藏高原主要旧石器遗址

综合来看，距今16万—3万年间，高原上不同地区都有早期人类活动的踪迹（图1-13）。在夏河山洞里的丹尼索瓦人，从16万年前开始，一直生活到4万年前左右。稻城皮洛遗址在13万年前，拥有简单石核—石片技术、阿舍利手斧技术这两种不同技术的两群人先后在此地生存繁衍，后来又被拥有小石片石器与小型两面器技术的人群所占领。而高原腹地的色林错、小柴旦等地在4万—3万年前就已经分别有石叶、石核—石片技术特征的人群在活动，从过去环境演变比较来看，皮洛先民的生存环境状况较佳，夏河先民生存环境一般，而尼阿底先民的生存状况可能较为严酷，这是因为后者海拔达4600 m，在4万年前，按照每年上升1 cm计算，那时的海拔也高达4200 m左右，已经相当之高，再加上当时气候正处于末次冰期的偏差时期（图1-14），这也表明相比较前两者，在距今4万—3万年前人类对极端环境的适应能力增强，有更强大的生存能力，以及向更高海拔、更深腹地、更恶劣的自然环境扩散的能力。

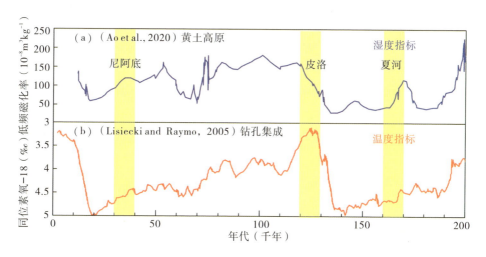

图1-14 不同时期人类活动与环境变化（Ao et al.，2020；Lisiecki et al.，2005）

青藏高原在20万年前已经有人类活动，甚至在距今4万—3万年，人类已经进入青藏高原腹地。但对于进入高原腹地的这一群人的了解至今仍不清楚，他们到底是丹尼索瓦人还是现代智人目前难以证实。夏河的丹尼索瓦人直到4万年前，还在高原上生存，然而距今6万—5万年这一时期，现代智人已经到了东亚地区，他们已然相遇。也就是说，现代智人到东亚、到青藏高原的时候，高原上已经有丹尼索瓦人了，他们相遇后发生了什么事情尚不得而知。但最终的结果是丹尼索瓦人灭绝了，现代智人存活了下来。目前推测其原因主要有两个。

一是自然或气候原因。我们知道过去10万年间，全球绝大部分时间处于末次冰期，气候较为干冷；在10万年前以及1万年前是末次间冰期，气候温暖湿润，整体状况较好；大概在4.5万年前属于末次间冰期中环境稍好的时期（间冰阶），这为丹尼索瓦人的生存以及现代智人的生存提供了较有利的生存环境。但是，大概在3万年以后，出现了末次冰期里一次最严酷的变冷、变干事件，这就是末次冰盛期（LGM），也称作冰河时代。LGM是过去10万年间环境最严酷的一个时期，在2万年前气温突然降得很低，全球平均温度比现在低7℃~8℃，降水量可能只有现在的一半。LGM在青藏高原的变化更明显，表现得更干冷，因此丹尼索瓦人可能遇到了巨大的生存危机。我们可以推测，如果你在LGM时期穿越时空来到西宁，你看到的景象将是，远处拉脊山、达坂山、日月山上雪峰绵绵，盆地四周冰川遍布，草原如一片荒漠，一年中最热的7月草木刚刚发芽，不久就匆匆死亡，植物的生长期大大缩短，环境非常恶劣。

二是按照现代智人的起源与传播理论，大概在距今5万年左右，现代智人应该到达了东亚地区，也可能到达了青藏高原，他们有可能取代当时的丹尼索瓦人，但青藏高原上并没有直接证据证明现代智人的到来导致了丹尼索瓦人的灭绝。但在欧洲发现现代智人到达欧洲时，此前在欧洲生存的尼安德特人却灭绝了。尼安德特人个头稍小，但身体非常强壮，如果单比武力，现代智人估计不是尼安德特人的对手。因此，现代智人取代尼安德特人可能不是靠武力，而是靠智慧。现代智人的大脑发育，在智慧与技术上超过了尼安德特人。因而，在4.5万年前，甚至3.4万年前，现代智人到达青藏高原时，很有可能遇到了丹尼索瓦人，并上演了类似的取代过程。但是现代智人如果直接取代了丹尼索瓦人，那么现在包括藏族同胞、东南亚与南亚地区的一些现代人的身上又怎么会有丹尼索瓦人的基因呢？对于这种情况的解释，可以假设当时高原上就有丹尼索瓦人在这里以狩猎采集而生存，现代智人来了以后，丹尼索瓦人的一个小男孩或小女孩不小心掉队了，现代智人部落发现并收留了他（她），收留之后他（她）就可能成为现代智人家族的成员之一，后来丹尼索瓦人的基因就留在了现代智人身体中了。当然这个基因占比较少，主要基因还是现代智人的基因。因此从这个角度来看，丹尼索瓦人也并没有彻底消失，他们的部分基因保留到了现在。我们现在很多人的身上还有丹尼索瓦人的基因片段，但是要找到一个纯粹完整的丹尼索瓦人，确实已经不可能了。

人类经过数百万年的发展，大概在10万年前，地球上不同地区还存在现代智人的不少兄弟姐妹，但是在随后的发展演变中兄弟姐妹都逐渐灭绝，只剩我们最后一支智人还生活在地球上。现代智人能存活下来，依靠的是聪明的头脑和强健的身体。因此从这个角度来看，活到今天的人类，每个人身上都携带有最优基因。我们的基因是非常强大的，是大自然赋予我们最好的一种武器，是大自然给予我们最好的礼物，所以我们的生命来之不易且足够强大，能迎接各种来自外部与自身的困难而砥砺前行。

综上来看，早在20多万年前的中更新世时期，人类已经开始在高原生存，大概在LGM之前，青藏高原人类活动又重新进行了一次大变革。因此研究发现，青藏高原早期的人类活动历史，经历了不同时期、不同技术特征、不同人群对高原不同区域的扩散与占据历史，其过程比我们想象得要早，也更为复杂。

三、末次冰消期—全新世中期的细石器活动

末次冰盛期之后，约1.6万年前全球气温开始逐渐回升，冰川开始融化，大地开始复苏。末次冰盛期可能使青藏高原的人类活动发生了变革，2万年前后的人类活动大不相同。末次冰消期为距今1.6万—1.1万年，青藏高原进入末次冰消期的新人群似乎是细石器时代的狩猎者。科学家在青海湖边一个叫江西沟的地点发现了人类活动遗迹，该遗址剖面中发现了一堆石块，中间还夹有石制品和一些骨头，还有一个史前人类的火塘。其年代测定显示约为1.4万年前的人类遗迹。然而，这一批人肯定不是丹尼索瓦人，看起来他们是我们现代智人的祖先，他们用细石器工具在高原进行狩猎。距今1.4万年左右，人类已经到达青海湖盆地生存。阿尼玛卿山是距离西宁最近的神山，阿尼玛卿山的山脚下发现了下大武遗址。在该遗址地层中发现了石器，测年发现其为1.1万年前。这个时期的青藏高原上到处存在着人类活动的痕迹和细石器遗迹。而有些地点，如可可西里，现在已经没有人类生存了。昆仑山主峰玉珠峰北麓，也发现一个西大滩细石器地点（图1-15），海拔约4700 m，此处还发现了一些黑曜石打制的细石器，黑曜石是打制石器的优质原料（汤惠生等，2013）。这个地区分布有一定的岩浆岩活动构造，说明该地点细石器人群曾经可能在可可西里较大范围内以寻找优质石料、狩猎为目的而开展活动。此处的打制石器说明他们在

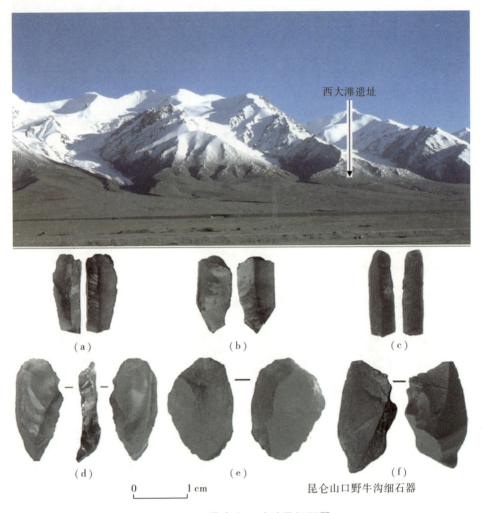

图 1-15　昆仑山口遗址及细石器

这里活动了一段时间，至少也活动了一两晚。我们可以想象六七千年前有一群细石器狩猎者曾经在这里披星戴月，狩猎采集，几天后就匆匆离去。令笔者感触最深的是，在如此艰苦的环境中细石器人群已经在此活动了。如果这个地点都能生存的话，那么高原上还有什么地点不能生存呢？目前的研究证实青藏高原上最高的细石器地点海拔已达到 6200 m。

距今 1.4 万—6 千年是细石器人群活动的时期，而六七千年前细石器狩猎者已经自由自在地在高原上活动了，但这并不能说明他们在高原上定居了。冬季寒冷的气候使他们在高海拔地区很难生存，因此可能采取了一种冬天到低海拔、夏天到高海拔地区的季节性迁徙模式。细石器遗迹的特点显示出他们在此处只是短暂停留，为了获取资源，他们一般哪里有猎物便往哪里走，长期奔波，频繁转移。因此推测他们当时应该尚未形成定居。

青藏高原上发现的细石器地点非常多。参雄尕朔遗址位于世界第三大河——长江（玉树段称为通天河）与支流登额曲的交汇处，此地环境较好，遗址中发现了不少细石器，有细石核、细石叶。参雄尕朔遗址在玉树州治多县（图1-16），位置偏僻，几乎在高原腹地。如果这个地点的人类按照此前所述"夏来冬走"的说法，那么人们肯定往四周扩散，而他们能不能走出高原呢？目前通过一些科学技术手段进行计算分析发现：一年内从高原边上向里走，走到参雄尕朔，而剩下的半年时间也走不出高原。换句话说，大概8千年前，人类在一年内无法走出高原，已经实现了全年在高原的占据，反映出人类对高原极端环境适应能力大大提高。我们做个假设，如一个现代人，从兰州或者民和出发走到参雄尕朔，条件是只拥有细石器和弓箭，没有马匹和粮食，全靠狩猎采集生活，我们可以估算走完一个来回需要多长时间，但现实是我们自己能不能顺利走到目的地都很难说。

我们再通过历史上一个例子进行验证。上世纪30年代，有个旅行者叫马鹤天，他从西宁出发，走到玉树结古镇。他出发时有成群结队的同行者，有保护人员、武器、马匹和粮食供给，从西宁走到玉树花了41天。此前提是有后勤保障，且他们的目的地就是玉树，仅赶路就历时41天。在七八千年前，这群细石器狩猎者，没有地图、全球定位系统（GPS）、马匹、技术工具和粮食补给，他们的目的也不是为了赶路，而是生存，而打猎是要耗

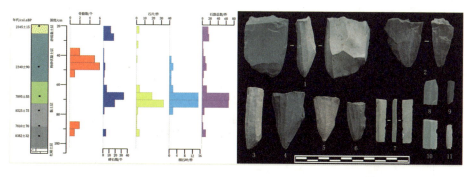

图1-16　参雄尕朔细石器遗址地层剖面与细石器（吕红亮等，2021）

费相当长时间的。这也从侧面证明了在七八千年前，青藏高原已经有常住人类了，但不一定是完全定居在此。

我们模拟末次冰消期—全新世中期狩猎采集者对青藏高原扩张的时空过程。研究结果表明：LGM 时期高原如果有人类活动，可能局限于东北缘河湟谷地与藏南雅鲁藏布江谷地，海拔 1640 m 的局部地带；距今 1.5 万—1.3 万年伴随 LGM 结束、末次冰消期的到来，狩猎采集者开始出现在高原东北部的青海湖—共和盆地、东部的横断山河谷等平均海拔 2800 m 左右的盆地、河谷地带，活动区域占高原面积的 5.4%；距今 1.3 万—1.1 万年沿着几条大河（黄河、雅砻江、长江、雅鲁藏布江）等干流河谷向高原平均海拔 3660 m 区域扩张，扩张面积占高原的 11.4%；距今 1.1 万—9000 年进入全新世早期，环境迅速改善，狩猎采集者扩张至海拔 4000 m 的高原主体；进入全新世大暖期的距今 9000—7000 年，是扩张最迅速的时期，人类活动快速扩张至高原腹地，包括藏北高原、长江—黄河源区、昆仑山地等环境较为严酷的地区，有些为现今的无人区，活动面积占高原的 80%，扩张区平均海拔 4700 m。但是位于高原高寒山地、藏北高原寒漠、柴达木盆地盐漠等环境极端恶劣地带很少被人类占据（约占高原面积的 20%），而黄河、长江等干流河谷则成为人类向高原扩张的重要通道（图 1–17）。

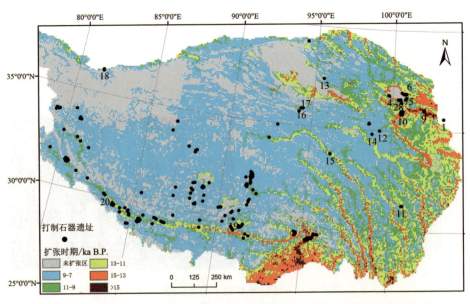

图 1–17　青藏高原末次冰消期—全新世中期人类活动扩张时空模拟细石器遗址点

青海的河湟谷地，自然环境较为优越，很可能存在着数万年前的人类遗迹。但是这里历来人类活动集中，干扰与破坏严重，遗迹难以保存，很难发现早期的人类活动遗迹。西宁市自然环境优越，是青藏高原最大的中心城市，也是一座拥有两千年历史的古城，古人也喜欢在这里生息繁衍。自汉唐时开始建造西宁城，一直持续到清代，在建设中早期的人类遗迹难免遭到破坏。假设西宁市存在旧石器遗迹，有一个非常简单的火塘，周围有一些石器，面积非常小，可能早已经被破坏了。单纯从地理位置来看，西宁市海拔约 2200 m，远低于夏河，因此西宁市完全可能有古夏河人的生存遗迹。

第二辑

河湟两岸

史前奇葩——西北地区新石器文化与彩陶

距今 11500 年以来，随着全球气温回升，世界各地的史前文化逐渐结束了以打制石器为主、居无定所、狩猎采集为生的旧石器时代，开始逐渐进入以磨制石器、实现定居、从事种植业为主的新石器时代。我国也不例外，在全新世中期的 8000—4000 年，进入新石器时代全面发展时期，在各地形成了多支新石器文化（图 2-1）。而我们中华文明就直接来源于繁荣的新石器时代文化。

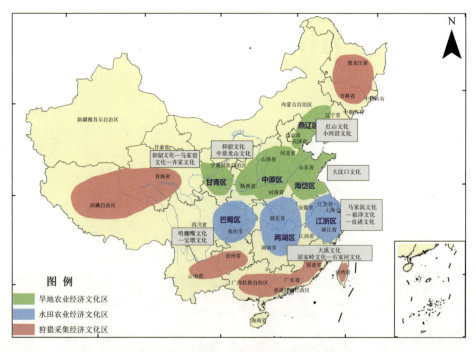

图 2-1　中国的主要新石器文化区系

中华文明上下5000年，最早是在清代末期提出。当时国人对自己的文化与国体深感落后，文化自信荡然无存，为提振士气，晚清的名人志士提出我中华大国浩浩5000年，中华文明断不可被西方所灭。西方对此嗤之以鼻，因为按照西方的标准和看法，中华文明起自殷商，也就3000多年的历史。当然，名人志士们提出中华文明上下5000年也非毫无根据，主要依据来自《史记》。《史记》开篇便是黄帝，从黄帝算起，中华文明史大约5000年。但黄帝是神话传说中的人物，要让传说成为历史，很难得到学界的认可。后来殷墟的发掘，出土了甲骨文与帝王名号、武丁夫人遗物等，3000余年前的殷商实物证据确实与2000年前司马迁的《史记》一一对应。由此前推，《史记》中记载的夏代各帝王系谱也非空穴来风，定有出处。按照司马迁的记载，他曾见到一些先秦史料，只是由于战乱，没有流传下来。司马迁还经过实地考察，东到大海，西到陇地，南到江浙，北到涿鹿，各地都流传着黄帝的传说，因此司马迁把黄帝作为《史记》开篇，尊其为中华始祖。对于进入文明的定义可谓众说纷纭，但大家似乎达成了一个共识，如果一个地区诞生了国家，那应该就是文明的开始。

近年来，考古发现层出不穷。距今5000年的良渚古城的考古发现，把良渚古国从地下带到地面。按照良渚的发展水平，如果那不是靠国家力量来组织民众修建古城、水利工程，没有什么其他力量能达到如此水准。莫角宫殿的高台地基、外围水利设施等工程，精雕细琢的玉器（图2-2，图2-3），均创造了当时的世界之最。东亚最早的古国面貌渐显，只不过不是我们传统上认知的黄河流域，而是在长江流域。当然黄河流域也并非一片空白，就在良渚古国兴起时，黄河中上游也盛开了中华之花——彩陶。大约到了良渚晚期，黄河中游陕北高原突然冒出了一个石峁古城。石峁遗址的规模也大得惊人，遗留了皇城台、北城门等一系列遗迹。北城门的规模与技术让人们一直误以为是明长城遗存（图2-4），直到北城门石缝里发现了龙山时代的玉器，这才提醒众人该遗址不是明代的，而是史前的遗迹，前者是400年前，后者是4000年前，时间被严重低估。石峁遗址之后，东亚人类活动的中心舞台逐渐聚集到黄河中下游交接的中原地带，新砦、二里头、二里岗、殷墟遗址等的出现，自此开始了与有文字的史籍逐渐对接的历程,中国也成为世界史籍记录最连续、最丰富的国家,其后的中国史依靠史籍就可以逐渐明晰。

图 2-2　良渚文化玉琮

图 2-3　良渚古城复原图

图 2-4 石峁遗址之北城门

原初中国多姿多彩，与我们想象的大不相同。5000年前代表中国高度与水平的地区是浙江的余杭，不在黄河流域。那时生活在北方黄河流域的人群可能使用的是汉藏语系；而南方地区，尤其是东南沿海一带的人群可能使用的是南岛语系，二者差别较大，以至于见面时相互交流却难以听懂对方的语言。而现在南方基本全是汉语，尽管听起来有些吃力，但也是汉语的地方方言而已。但在5000年前，南、北人群却使用着两种截然不同的语言。

当时的中国各地发展水平差异很大，东部地区已经进入新石器时代晚期，西部有些地区仍停留在旧石器时代，二者有时代差，尽管现在东西部仍有差距，但差距已经缩小，没有形成时代差。

自5000年之后，中国各地的多样性不断凝练成共性。共性的形成，一部分靠各地自发的文化交流，比如东部良渚人及龙山人喜欢的玉器，其优质玉料却产自西部，这就需要物质贸易，从而也带动了各地区的文化交流，一部分靠"普天之下，莫非王土"的政治理念，一部分靠秦始皇统一六国等的武力征服，终于形成今天我们看到的中国。

在西北地区活动的主要文化是仰韶文化与马家窑文化，下面对这两种文化做简要介绍。

一、仰韶文化

仰韶文化是在黄河中游黄土高原地区的一种重要的新石器时代中期文化，活动时间为距今7000—5000年。先民在黄河及其支流两侧平坦的河流阶地形成了稳定聚落，房屋主要有圆形和方形；以种植粟类作物为主，生产活动有锄耕农业，猪、狗等家畜饲养，也兼营渔猎；有石铲、石锄、石斧、石刀和石磨盘等磨制石器生产工具；制陶业发达，显著特征是发达的彩陶制造。该时期的陶器造型优美，绘制有几何形和动物形纹饰，尤以人面纹、鱼纹、蛙纹与鸟纹等最为逼真生动，达到了史前艺术的巅峰。仰韶文化具有强大的生命力，对周边地区和中华文明的形成都产生了重大影响。

二、马家窑文化

马家窑文化是 1923 年由中国考古学的奠基者之一、瑞典地质学家安特生在甘肃省临洮县马家窑遗址首次发现的,距今 5300—4000 年,包括前后连续的石岭下、马家窑、半山、马厂四个类型(时期)。石岭下类型主要分布在陇东,属于仰韶文化与马家窑文化过渡时期,学者对其是否归属马家窑文化还有争论;马家窑类型主要分布在甘肃中部的黄河、洮河流域以及青海东北部的湟水流域;半山类型扩展至河西走廊东部及宁夏南部;马厂类型则到达河西走廊西部。

马家窑文化的核心在甘肃、青海两省,但其影响范围很广,向南至四川西部横断山区、北至内蒙古中南部、东至陕西西部、西至青藏高原腹地等地区。马家窑文化继承了仰韶文化的传统,主要从事粟、黍和大麻等种植业。马家窑文化最显著的特征是彩陶发达,彩陶比例高,占陶器的 50% 以上。马家窑彩陶制作精致,陶质多为泥质细陶,胎质细腻,器表多精细打磨。图案以黑彩为主,红、白彩兼有,绘制精美,线条流畅,构图繁缛而富有动感,形成了绚丽多彩的艺术风格,在世界史前艺术史上占有一席之地。马家窑文化不同时期的彩陶特征既有明显的前后演变的联系,又有一定的差异。

1. 马家窑类型

马家窑类型属于马家窑文化早期,距今 5300—4500 年。该时期彩陶器型丰富多样,仍以盆、钵、壶、瓶为主。色彩以黑彩为主,浓墨重彩,后段出现白彩,线条规整,构图严谨。纹饰盛行内彩,常见漩涡纹、水波纹、同心圆纹、网格纹和平行线纹等,也有少量的动物纹饰。水波纹是最常见的纹饰,是黄河滋养了两岸生生不息富有艺术创造力的先民,也展示了他们高超的艺术才能。

2. 半山类型

半山类型属于马家窑文化中期,距今 4500—4300 年。该时期彩陶风格既继承了马家窑类型彩陶一些纹饰的画法,同时又有创新。半山类型彩陶开始普遍使用红彩,形成黑彩、红彩相互搭配的工艺,使得色彩更加绚丽,纹饰更趋精细繁缛,器型更加饱满,达到了很高的艺术成就。此时期还出现了个头较大的壶、瓮,常见纹饰有漩涡纹、锯齿纹、菱形纹、葫芦纹、网格纹等。

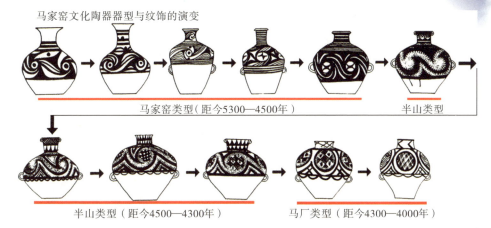

图 2-5 马家窑文化不同类型漩涡纹—四大圆圈纹的演变（甘肃省博物馆供图）

3. 马厂类型

马厂类型属于马家窑文化晚期，距今 4300—4000 年。该时期彩陶纹饰绘制有简单化、随意化趋势，但器型更加丰富多样，出现了单耳筒状杯等特色彩陶。随着生产力与社会的发展，彩陶可能成为财富的标志，因此该时期彩陶数量是三个类型中最多的。器表多盛行施红色陶衣，用黑彩绘制线条。纹饰多以抽象的几何纹为主，包括变体神人纹、四大圆圈纹（图 2-5）、网格纹、回形纹、折带纹，其中回形纹、折带纹对后期青铜器的装饰艺术产生了一定影响。

此外，在黄河上游共和盆地分布有受马家窑文化强烈影响的青藏高原东北部土著新石器时代文化——宗日文化。宗日先民过着定居的生活，生产活动是农业与狩猎混合的形式。该时期大体与马家窑文化同期，即距今 5000—4000 年，主要分布在共和盆地沿黄河干流的河谷地带，分布区域海拔比马家窑文化更高，分布位置更西。宗日文化地方性陶器主要为乳白色夹砂陶，器型有壶、罐、碗、杯等，纹饰以鸟纹、平行折线纹为主，宗日文化区普遍可见马家窑文化类型的陶器。

4. 西北彩陶的艺术文化价值

西北彩陶是中国乃至世界史前艺术最为耀眼的明珠。彩陶在马家窑文化时期的艺术造诣达到巅峰，其造型、纹饰和色彩，都表现了高超的艺术才能。彩陶器型比例协调，造型简洁明了，注重实用与美观相结合，构图美观、精巧，纹饰图案讲究对比调和，平衡而对称，统一而有变化。色彩强调映衬与对比，优美而明亮（图2-6）。这些史前彩陶反映了艺术的基本规律、原理和法则。创造杰出彩陶艺术的史前先民，他们艺术的灵感发自天性，素材来源于生活，功能着眼于实用，不是为艺术而艺术，是为生活而艺术。因此其基本原理与规律，引起现代许多艺术家的关注与追捧，对今天的艺术创作仍有启发（吴山，1982）。

图2-6 马家窑彩陶纹饰构图（甘肃省博物馆供图）

彩陶最初出现在黄土高原南部的陇东，距今8000年前后的大地湾文化制作的大盆，在外口沿部分画出一条宽宽的暗红色条带，这一条带竟然画出一个彩陶的伟大时代。可以说甘青彩陶诞生于新石器时代早期（距今8000—7000年），繁盛于新石器时代中期和晚期（距今7000—4000年），结束于青铜时代（距今4000—2000年）。河西走廊沙井文化（距今3000—2500年）红彩所示的网格纹，宣告了彩陶时代的结束。彩陶起于火红，终于火红，可谓是红红火火，其形成、结束与新石器时代、青铜时代相伴，是新石器时代的重要标志与象征（表2-1）。

众所周知，陶器有非常强大的实用功能，或烹煮、或储藏、或盛放，甚至少数一些陶器可升级为祭祀、礼器，用来满足人们的精神需求。因此人们制作彩陶的动机纯朴，就是为了满足日常生活之需。但是彩陶不绘彩，实际上并不影响其实用功能，马家窑文化及其他史前文化也有不少素陶，但是唯独马家窑先民，非常重视彩陶的绘制。完成陶器的造型后，还要经过多道工序，在彩陶上绘制纹饰与图案，而且绘制纹饰可能会非常耗费时间与精力，比制作素陶的时间要长很多。为什么马家窑先民如此独爱绘制彩陶呢？答案只有一个，那就是他们热爱生活，崇尚艺术，陶器经过绘制纹饰与图案，变得更加美观，更加赏心悦目，给人们带来更多的艺术美和愉悦感，同时也赋予了陶器以生命力。马家窑先民是黄河流域追求艺术最为执着的群体，这从他们对待陶器的加工和审美上可见一斑。

表 2-1　中国西北史前彩陶文化序列

时代	文化类型		分布	起止时间（距今/年）	陶器特征
新石器时代	大地湾文化		甘肃东部、陕西的渭河中上游	8200—7300	以夹细砂红陶为主，火候较低，陶质疏松，器型以圈足碗、三足钵、三足罐等为代表，纹饰以交错绳纹、波折形堆纹和红彩宽带纹为主
	仰韶文化		黄土高原	7000—5000	以夹细砂红陶、泥质红陶为主，常见器型有泥质红陶敞口浅腹平底或圜底的钵、盆，泥质或细砂质的小口尖底瓶，砂质红褐陶大口深腹小底瓮、罐等；以鸟纹、鱼纹等动物纹饰为主
	马家窑文化	石岭下类型	甘肃与河湟谷地	5500—5300	陶器制作精细，以长颈壶瓶为特色；纹饰主要为变体鸟纹、鱼纹
		马家窑类型	甘青地区	5300—4500	器型有盆、壶、瓶、豆等；纹饰精美，以漩涡纹、水波纹、同心圆纹、动物纹为主
		半山类型	甘青地区	4500—4300	器型有壶、罐等；图案繁缛，纹饰以漩涡纹、葫芦网纹、锯齿纹、贝纹等为主
		马厂类型	甘青地区	4300—4000	器型有壶、罐、豆等；纹饰以变体神人纹、波折纹、圆圈纹、回纹、菱格纹、三角纹为主，出现符号
	宗日文化	宗日类型	黄河上游的共和盆地	5000—4000	器型偏少，以盆、壶为主；纹饰以变形鸟纹，多道连续折线纹为主，出现舞蹈盆，有网格纹、竖线纹，含有马家窑文化元素

续表

时代	文化类型	分布	起止时间（距今/年）	陶器特征
青铜时代（西北地区）	齐家文化	甘青地区	4200—3600	素陶居多，少量彩陶；纹饰主要为三角折线纹、菱形纹、蜥蜴纹
	四坝文化	河西走廊	3900—3400	陶器质地较粗，多为夹砂陶；器型多样，以罐、壶为主，四耳带盖罐、腹耳壶是其代表性器物；纹饰以三角纹、折线纹、竖条带纹、Z形纹、犬纹、蜥蜴纹等为主
	辛店文化	甘青地区	3600—2600	以大口双耳罐和高颈双耳罐为典型器物；图案简洁疏朗，涡形纹，羊、犬、鹿、鸟等动物纹饰盛行，双钩纹也大量出现
	卡约文化	主要集中在河湟谷地与青海湖盆地	3600—2600	以夹砂红褐陶与褐陶为主，底部内凹成假圈足，器型为双耳罐、双大耳罐、粗陶罐和瓮等；纹饰有划纹、附加堆纹与彩绘等。彩绘主要是曲折纹、三角纹与变形回纹等几何形花纹
	寺洼文化	甘肃东部	3400—2700	多为夹砂灰陶，陶罐器型上承继了齐家文化
	诺木洪文化	柴达木盆地	3000—2000	陶器与卡约文化类似，夹砂粗红陶和夹砂灰褐陶，器型有曲腹陶盆、圈足陶碗、深腹陶杯、带耳盆等
	沙井文化	河西走廊石羊河与金川河绿洲	2900—2400	夹砂红褐粗陶为主，多为单耳罐、筒状杯和双肩耳圜底罐，有紫红色彩陶；纹饰有三角纹、网纹、菱形纹等，多在颈部和肩部绘彩

马家窑先民制作陶器时，着眼实用，追求完美，达到了实用与艺术的完美结合。马家窑彩陶是马家窑先民认识体验生活的结果，是先民审美意识的结晶，具有时代的鲜活性和具体性，反映了当时社会与人们的精神状态。此外，马家窑彩陶又与当时的社会状况密切相关，当时处于原始社会

氏族公社时期，人与人之间更多的是相互协作，无阶级与压迫，无贫富差距，无条条框框的约束。这种社会状况决定了当时是最原始的共产主义社会，人人平等。虽然生产力水平低下，但人们之间的关系其乐融融，一派和谐。

马家窑先民生产陶器基本上是自给自足，并无太多的商品意识或金钱意识，出自自身之手，且服务于本人，人们凭借自己的天性进行自由创造，并无太多的束缚与私心杂念，人类艺术的独立性和自由性得到了最纯正的体现，即艺术是人的精神活动的物质载体。艺术水平的高低，反映在艺术与人性需要接近的程度上。对比青铜艺术的纹饰，饕餮纹、回纹等虽然严整、规范，但它已经失去彩陶时期纹饰的轻快、自由、天真的风格。因此马家窑彩陶可谓是最接近人类天性，最接近自然本质的艺术，是人类文明世界中最为清澈的一股甘泉。

共出一脉——汉藏语系的传播与演化

一、亲缘语言与汉藏语系

　　语言是人类特有的交流方式，随着时间与空间的变化，语言会产生变异，而这种变异正好可以用来反映人群的演变历史，因此语言也是见证人类历史的活化石。语言学在研究语言起源与类型时，常用到一种谱系理论，该理论认为，一种原初语言产生后，有高度的一致性，但随着时间的流逝与空间的迁移，原初语言会产生分化，这就是方言或者亲属语言。语言分化后沿各自方向不断发展，就好像树干上分出的树枝一样，彼此之间看似没有联系，实际上是生长在一棵大树上，它们有共同的树根，而这个树根就是原初语言。换言之，现在有些不同的民族看似说着难以沟通的不同语言，若其中关键语言特征之间存在较多的关联，溯源后，这些语言可能来自同一种原初语言的同一个群体。因此根据语言之间的关联程度，就可以判断其亲缘关系，这就是亲缘语言。

　　亲缘语言的判断依据来自语言中的核心词。语言的音系结构等特征，一般很难发生变化，有较好的延续性和稳定性。有共同渊源的语言在语音、词汇和语法系统上存在较高的相似性，特别是基本词汇，它们有较为稳定的语音形式和较为准确的含义，很可能就是指示几种语言同源的关键，被称为"同源词"。科学家利用历史比较语言学的同源词构拟，构建语言系统发生学联系。探索语言演变、传播模式，可以较好地揭示早已经被人忘记的有关人群的起源、迁移、分化与交流等信息。但是一般认为，同源词自身也存在变化，两种同源语言若超过1万年，差异就很大了，同源词就无法辨别其亲缘关系。

语言的分类体系，最高级为语系，语系可以分为语族、语支、语种。汉藏语系是世界第二大语系（仅次于印欧语系），约有14亿以上的母语人口，约占世界人口的1/5，包含400多种语言。这些语言又可以分为汉语族（北方方言、中部方言与南方方言）和藏缅语族共七支（彝缅、藏、萨尔、库基—钦—那嘎、戎、克伦及其他语支）。汉藏语系人群主要分布在东亚（中国）、东南亚（缅甸、泰国、老挝、孟加拉国、越南）、南亚的喜马拉雅山南麓诸国（印度、巴基斯坦、尼泊尔、不丹）（杜冠明，2008）。

汉藏语系最重要的联系是同源词或词根，以及词根附缀方式与附缀成分的比较，由此发现它们之间存在同源与亲缘关系。例如：汉语中太阳古称"日"，上古汉语（商代至晋代所使用的语言）"日"的发音为"njit"，现代藏语的太阳的读音是"ni-ma"，"ni"是词根，"ma"是后缀，缅语中读"ne"，三种语言中太阳的发音大体一致，因此它们之间具有同源性，应该可以追溯至起源于同一种语言。语言学家已经发现上千个汉语与藏语同源词，许多基本词汇发音类似或有联系。包括身体部位的名称（目、口、耳等），对大自然常见事物（日、月、水等）的名称，群体之间关系的称呼（你、吾等），比如数词1、2、3、4、5、6，藏语读作chik、nyi、sum、shi、nga、druk，和汉语族的闽南语、客家语等方言更为接近；藏语"杀"念作"bsad"，"死"念作"shi"，"目"念作"murk"，"水"念作"chu"，这些汉藏近音词在古汉语、古藏语中较为普遍，而且越古老读音越近，显然是同源词。当然同源词的判读并不仅仅限于语音相近，还有不同种语言重复出现语音规律的"语音对应"，比如某种语言中凡是发"e"的音，在另外一种语言中全发"w"，二者之间就是语音对应，也属于同源词的范畴（孙宏开，2018）。此外，汉藏语系还有一些共同特征，有单音节词、声调、量词、辅音清浊相对等。

复旦大学金力教授团队根据汉藏语系同源词汇表，着眼于这些词汇的重要性等级，采用贝叶斯系统发生学方法，构建了目前全世界较为精准的汉藏语系语言谱系树（图2-7）。计算结果表明：原始汉藏语系最早分化的是汉语族与藏缅语族，这与语言学家早先的认识较为一致，而且也明确推算出二者分化的时间在距今5900年前，而藏缅语族进一步内部发生分化的时间在距今4700年前。

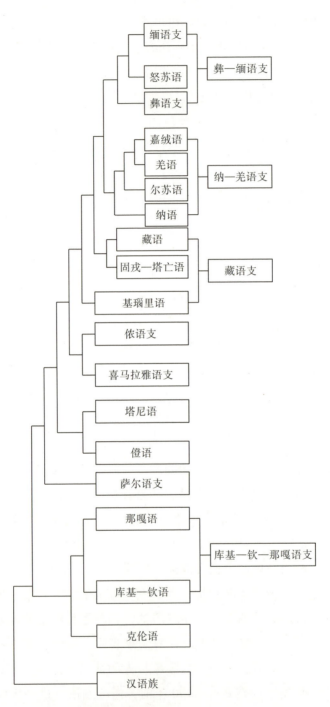

图 2-7　汉藏语系语言谱系树（Zhang et al., 2019）

二、仰韶文化的扩散与汉藏语系第一次分化

距今5900年前的语言体系到底是什么情况呢？我们来看考古学证据。我们知道汉语人群最早应该分布在中国北方的黄河流域，尤其是黄土高原。而藏缅语族的人群大多分布在青藏高原及其周边，以及东南亚、南亚喜马拉雅山南麓地带等。那么汉藏语系最早的起源地，应该在这些人群分布的区域，大致在北方黄河流域、青藏高原及东南亚等地区。如果这些区域的史前文化，尤其是新石器文化存在着时间的早晚与相互联系，则容易确定汉藏语系的发源地。

黄河流域黄土高原新石器文化是中国北方新石器文化的代表，早期为前仰韶文化（又称大地湾文化或老官台文化等），活动年代为距今8200—6900年，主要分布在渭河中上游、泾水、西汉水上游，丹江上游也有少量分布。目前发现的遗址数量不到百处，可以看到前仰韶文化分布范围不算大，遗址数量也并不多。其后为仰韶文化，活动年代为距今7000—5000年，分布范围东起豫东，西至甘肃、青海，北至河套内蒙古长城一线，南抵江汉，分布中心在陕西渭河流域、河南西部和山西西南的广阔地带，文化遗址激增至5000余处；分布的核心在陕西、甘肃、山西和河南，并向文化的边缘区——河北、内蒙古自治区、湖北、宁夏回族自治区和青海扩散，只不过核心区遗址密度大，边缘区遗址密度小而已。

由此可以发现，前仰韶文化遗址分布在以渭河为中心的狭长地带，分布范围有限；而仰韶文化遗址分布范围较前者有非常明显的扩散，遗址沿渭河向西扩散，沿黄河、汾河谷地逐渐向东、向北扩散。仰韶文化又可以划分为半坡类型（距今7000—6400年）、史家类型（距今6300—5700年）与庙底沟类型（距今6000—5000年）等发展阶段。半坡类型主要分布在渭河流域、豫西和晋南的三门峡地区，其影响南达汉水上游，西至洮河，北抵河套。史家类型分布大致与半坡类型相同，只是在关中地区南北侧有所扩大。最显著的扩散发生在庙底沟类型，其分布中心是渭河流域、豫西和晋南地区，但其分布范围向西扩散至青藏高原东缘青海的东部，向东至黄河下游地区，向北扩散至内蒙古南部和赤峰地区，向南延伸至汉水流域。在仰韶文化庙底沟类型发展至鼎盛期，文化遗址分布范围也达到最大。

此处重点探讨仰韶文化向西进入青藏高原东北缘的过程。仰韶文化扩

散至青藏高原东北缘在距今6000—5500年。在高原东部河湟谷地，发现安达其哈、胡李家、阳洼坡、红土坡等仰韶文化遗址共18处。尤其是安达其哈遗址，位于青海省海东市化隆县群科镇黄河以北约1.5 km的安达其哈村西，海拔2030 m，遗址面积约2.4万 m^2，是目前所知仰韶文化分布的最西端。考古学研究发现了庙底沟类型房址19座、灶坑6个、灰坑30个、窑址2个等文化遗迹及丰富的文化遗物。房址的发现证明这是青藏高原最早实现定居的地点，可以称其为"青藏高原第一村"，这也拉开了青藏高原进入新石器时代的序幕，可谓是意义重大！此处还出土了不少陶器与碎片，有小口、双唇样尖底瓶，器身为斜绳纹，尖底瓶是仰韶文化的象征；还有彩陶片，纹饰为圆点纹、弧线三角纹、弧线纹、垂弧纹等，这些都是典型的仰韶文化庙底沟类型彩陶的纹饰（图2-8），正是这些陶片证明该遗址的文化性质属于仰韶文化庙底沟类型（乔虹，2013）。根据陶器纹饰与黄土高原仰韶文化序列较全的大地湾遗址各期、各段的陶器进行对比分析，初步判断安达其哈遗址彩陶相当于大地湾三期，而大地湾三期的 C_{14} 测年结果为距今5900—5500年（肖永明，2013）。此外，根据对该遗址出土的三枚仰韶时期陶片进行测年，结果分别为 5.9 ± 0.8 ka、5.4 ± 0.3 ka 和 5.1 ± 0.3 ka。综合上述两种证据，安达其哈遗址仰韶文化遗存的主体年代应该为距今5900—5100年。

在安达其哈遗址中，仰韶文化时期石器的淀粉粒分析可见有粟类（赵珍珍，2021），同时期的民和官亭胡李家遗址也发现有粟作痕迹，而尖底瓶、发达的彩陶和粟作农业，是仰韶文化的标配。正是因为有较为成熟的粟作农业，才成就了仰韶文化的兴盛。粟作农业提供了稳定和较充足的粮食供应，使得聚落规模扩大成为可能。聚落的扩大又导致人群的聚集，人群聚集又使得社会群体功能增强，人群之间交流增强，人口快速增长也是必然的结果。人口快速增长，原有领地的环境容量有限，又导致人群向新地域的扩散和开拓。当然全新世大暖期较为暖湿的自然环境也促进了中国北方旱作农业的发展。显然粟作农业是关键，是导致产生多米诺骨牌效应的命门所在。

分析安达其哈遗址我们可以发现，仰韶文化庙底沟类型从黄土高原向西扩散至青藏高原东缘，踏上了进军青藏高原的步伐，在距今5900—5500

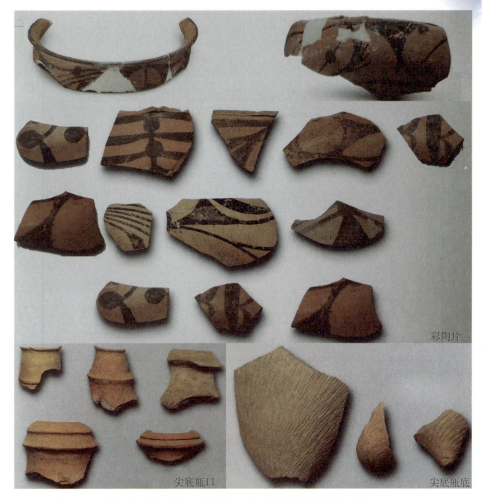

图 2-8　安达其哈遗址出土的仰韶文化庙底沟类型陶器（乔虹，2013）

年前已经在青藏高原东缘的河湟谷地一带安家落户了，成为青藏高原最早的一批定居者，也是青藏高原最早的新石器时代的开拓者（图 2-9）。这与金力教授团队计算的汉藏语系第一次分化时间一致。联系语言学结果和考古学发现，我们可以推测，约距今 5900 年前，来自黄土高原的一群仰韶文化庙底沟人，他们来到了青藏高原东缘的海拔相对较低、地势较为平坦、水热资源较充足的河湟谷地，并在此处落地生根，开始营建房屋、烧制陶器、种植农作物，当然他们也打些猎物作为补充。而他们向西的开拓，也实现了汉藏语系的第一次分化，即最早汉语族与藏缅语族的分化，由此汉藏语系的最初发源地应该在中国北方黄河流域中上游地区。仰韶文化无疑成为汉

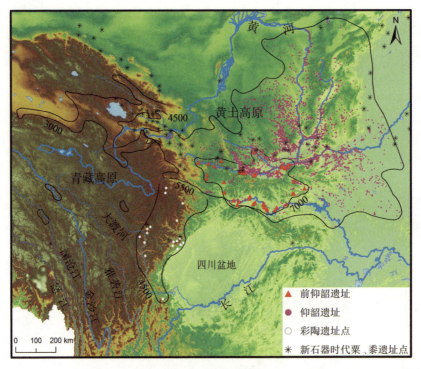

图 2-9 仰韶文化遗址分布与扩散（黑线：扩散等时线；数字：距今年代）

藏语系最早的源头，仰韶居民无疑是最原初的汉藏语系的使用者。考古学发现很好地支持了语言学汉藏语系的起源与演化历程，考古学证据与语言学结果完美吻合。当然仰韶文化庙底沟人在东、西、北几个方向上的扩散几乎是同时展开的，只有向南的扩散比较滞后，目前仅在西南方向的青藏高原东缘岷江上游地区有少量发现，比如茂县波西遗址。该遗址位于岷江西岸，面积约 3 万 m^2，出土的泥质红陶壶、弧边三角纹彩陶钵等器物与仰韶文化庙底沟类型陶器一致，故属于庙底沟类型，年代为距今 6000—5500 年，是高原东部横断山区域发现最早的新石器遗址，但这个方向的遗存数量少、规模小（陈剑，2007）。

仰韶文化庙底沟类型在三个方向上的扩散过程中，令人费解的是只有向西扩散的人群似乎一去不归，并与核心区发生脱离、分化，因为正是这个方向的人群扩散最终导致了汉藏语系第一次大分化，直接后果是导致了汉语族与藏缅语族的分化。而向东、向北扩散的庙底沟先民却未产生分化，换言之他们与文化核心区一直保持联系，并未脱离和分化。这是为什么呢？

这可能与地理环境密不可分，向东扩散就到了华北平原和黄淮海平原，地势一马平川，毫无阻挡，与原有文化区之间的交流也畅通无阻；向北扩散则进入内蒙古高原，这里海拔与黄土高原差不多，只是更加干燥而已；而向西扩散的庙底沟先民，遇到的却是世界屋脊——青藏高原，这里高山大川纵横，大江大河遍布，地形高差大、天然险阻多。人群一旦进入，与核心区联系减弱，日久天长，便逐渐开始脱离分化，最终走上与大本营脱离的道路，这也可以称为"地理隔绝效应"，这种效应在青藏高原及其东部横断山地最为明显。当然仰韶文化自身也在不断演变之中，于是二者的差异就逐渐扩大起来。

三、马家窑文化的扩散与藏缅语族的分化

仰韶文化晚期，由于扩散地域范围过大，加之可能与当地文化相融合，在其分布区域内，形成了泉护文化、大地湾文化（中晚期）、马家窑文化、秦王寨文化、大司空文化、义井文化、海生不浪文化、庙子沟文化等多个具有仰韶文化色彩的地方性考古学文化（曹兵武，2021）。仰韶文化在向西扩散过程中，可能与原先本地的土著文化相结合，不断地域化，在距今5300年时，黄土高原西侧与青藏高原交接地带形成了上承仰韶文化，又有自身特点的马家窑文化（距今5300—4000年）。马家窑文化又发生过一次较大的扩散，显著的扩散发生在距今5000—4500年，其后的距今4500—4000年则保持相对稳定。扩散主要发生在两个方向：其一，向青藏高原内部进一步扩散，在这个时期占据了整个河湟谷地，并扩散至更高海拔的共和盆地，并和当地原有的细石器文化结合形成宗日文化，典型的遗址即宗日遗址。宗日遗址位于黄河上游青藏高原东北缘河谷与高原的过渡地带，海拔2950 m，遗址墓葬中发现有典型的马家窑文化陶器，并有粟、黍遗存，是黄河流域分布海拔最高、受马家窑文化影响强烈的具有本地特色的新石器文化。其二，沿着青藏高原东缘的横断山地南北走向的江河沟谷，即常说的横断山脉藏彝走廊向南扩散，到达青藏高原东部横断山沟谷，包括岷江上游、大渡河中上游，影响到了青藏高原内部澜沧江流域，也影响到了滇西与滇西北，典型代表遗址是川西营盘山遗址和昌都卡若遗址。营盘山遗址位于茂县县城岷江东南岸的二级河流阶地上，遗址面积近10万 m^2，其中引人注目的发现是出土了不少漩涡纹、水波纹、鸟纹等纹饰的马家窑

彩陶。根据彩陶纹饰判断该遗址与马家窑文化早期类型一致，测年结果显示营盘山遗址为距今5300—4600年，它是岷江上游该时期一个大型中心聚落，该时期岷江上游的新石器文化遗址数量众多，文化面貌发展到比较繁荣的阶段，营盘山遗址是其中的一个典型代表。这些遗址既有一定的自身特点，但又深受马家窑文化的影响（陈剑，2007）。距今4600年之后演变成的沙乌都遗存，则表现出明显的本土化特征，已经不见来自西北马家窑文化的影响了。

卡若遗址位于西藏东部昌都，澜沧江西岸，面积约1万 m^2，海拔约3100 m。卡若遗址是西藏地区目前发现最早的新石器文化，年代为距今5000—4000年，主要特点是石器具有混合性，即打制石器、细石器和磨制石器并存，磨制石器中长条形石斧、石锛具有马家窑文化风格；陶器上刻划纹、附加堆纹较多，器型也与马家窑文化类似，都以平底的深腹罐、盆、碗组合为主，有石砌的房屋建筑。最关键的是该遗址发现有较多的粟遗存，并发现有铲形器等农业生产工具，说明粟作农业占有较重要的地位（西藏自治区文物管理委员会等，1985）。粟是源自北方仰韶文化、马家窑文化系统的最具特色的文化标志，因此这是深居青藏高原内部的卡若文化受来自北方马家窑文化影响的最直接的证据。

当然，以营盘山、卡若遗址为代表的青藏高原东部横断山沟谷地域，该阶段的新石器文化与西北马家窑文化共同的文化因素表现在彩陶、农作物等几个方面上，如彩陶都以平底陶器为主，夹砂陶多施绳纹、刻划纹、附加堆纹等，用钻孔法修补陶器（图2-10）；农作物均有粟、黍；石器有共同的长条形石斧、石锛，以及单孔或双孔长方形、半月形凹背直刃石刀；均流行圆形或方形半地穴式房屋（石硕，2009）。因此可以看到距今5000—4500年，马家窑文化对青藏高原东部横断山沟谷地域产生了广泛的影响，不可否认这些文化有本地因素，但是它们都与来自北方的马家窑文化拥有许多共同的、重要的文化特征，均以共性为主流，足可以见证西北马家窑文化对于该地区新石器文化产生的重要影响，而这显然是马家窑文化扩散带来的结果（韩建业，2013）。

马家窑文化距今5000—4500年的进一步扩散与藏缅语族内部发生分化的时间（距今4700年）相吻合，因此马家窑文化早期向青藏高原内部

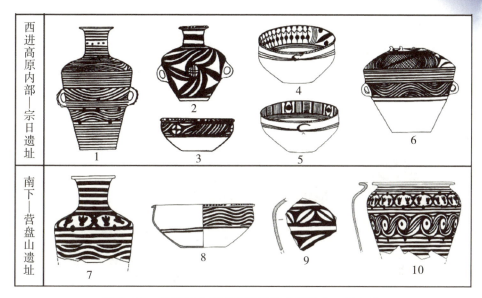

图 2-10　马家窑文化彩陶的扩散（韩建业，2013）

更高海拔，以及沿着高原东部横断山地的扩散应该与藏缅语族进一步分化有关。通过前面的汉藏语系语言谱系树可以看到，大约在距今 4700 年前，藏缅语族开始分化为两个语支，即库基—钦—那嘎语支与藏语诸支。从现在的分布状况来看，库基语大多分布在印度东北部、缅甸西北部以及孟加拉国，钦语横跨缅甸、印度、孟加拉国三国，使用者钦族是缅甸主要民族之一。根据现在的分布状况，结合语言学与考古学研究结果，库基—钦—那嘎语支似乎是马家窑文化在距今 5000—4500 年沿着青藏高原东部藏彝走廊南下的一支，此后沿着金沙江、澜沧江、怒江等河谷地带进入云贵高原、缅甸、喜马拉雅山东南缘等地，而向青藏高原内部扩散的一支，显然与藏语支有关联。

四、青铜时代文化多样性与汉藏语系基本格局的形成

距今 4000 年之后，青藏高原与西北地区史前文化开始进入青铜时代。前期（距今 4200—3600 年）齐家文化与四坝文化并行，文化面貌尚算一致，但已经表现出文化分化势头；后期（距今 3600—2400 年），西北地区史前文化可谓是"百花齐放，百家争鸣"，形成多种地域文化并存，空间上相互交叉，文化上各有特色却又相互影响的局面。四坝文化（距今 3900—3400 年）

主要分布在河西走廊，青藏高原东北缘是卡约文化（距今3600—2600年）的活动范围，大夏河与湟水流域是辛店文化（距今3600—2600年）的核心地带，寺洼文化（距今3400—2700年）分布于甘肃省内的泾水、渭河、洮河以及汉水上游等流域，沙井文化（距今2900—2400年）主要分布在石羊河与金川河下游一带（图2-11）。

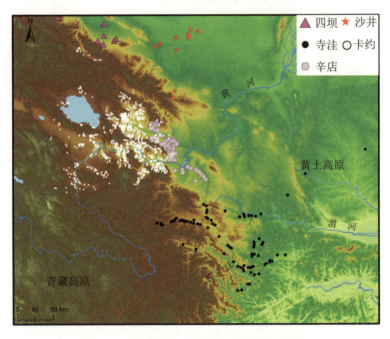

图 2-11　西北甘青地区青铜时代文化的分布

根据汉藏语系语言谱系树，这个时期也正是藏缅语族大分化时期，藏缅语族又进一步分化为彝—缅语支、纳—羌语支、藏语支等。而这和该时期西北地区青铜时代多种文化并存的局面是相一致的，西北地区史前文化面貌的多样化，也是藏缅语族进一步分化的缩影。可以看到，到青铜时代后期，西北地区、青藏高原及其东部、南部的藏缅语族丰富多样的局面已经初步形成。在后来的历史进程中，这种语言分化和多样性仍进一步深化，但是基本格局已经在青铜时代后期奠定了。早期史料记载中也可以看到些端倪，《后汉书·西羌传》中记载：羌人无弋爰剑者在秦厉公（公元前476年—公元前443年）时被秦国擒获，并成为奴隶，后逃跑归入河湟间，被羌人推举为首领，部落势力逐渐强大，土著居民纷纷归附。到了爰剑曾孙忍时，秦献公（公元前424年—公元前362年）初立，举兵西伐，忍的部族"畏秦之威，将其种人附落而南，出赐支河曲西数千里，与众羌绝远，不复交通。其后子孙分别，各自为种，任随所之。或为牦牛种，越巂羌是也；或为白马种，广汉羌是也；或为参狼种，武都羌是也。忍及弟舞独留湟中，并多娶妻妇。忍生九子为九种，舞生十七子为十七种，羌之兴盛，从此起矣"。两千年前的史学家并无考古资料可供引用，一语道中诸羌的源流与联系，非常可贵，西南羌、高原内部的诸羌别种，都是源自"河湟羌"，这从历史记载上为青铜时代是藏缅语族大分化时期提供了佐证。根据这条史料，传统意义上大家都认为现在甘肃、青海、西藏、四川、贵州、云南等省区，以及东南亚缅甸、越南等国及喜马拉雅山南麓的9个国家使用汉藏语系藏缅语族语言的族群，都是氐羌后裔。他们都是早前从中国西北地区迁徙过去的族群，沿着岷江、大渡河、雅砻江、金沙江、澜沧江、怒江等河谷进入川西、云贵高原，东南亚的缅甸、越南，以及喜马拉雅山南麓等地带。例如，缅甸人历史书上祖源追溯至中国西北的氐羌，印度和不丹的雷布查人、尼泊尔的内瓦尔人都承认与中国氐羌有关。也有一些人是直接从西藏翻越喜马拉雅山进入了喜马拉雅山南麓，比如许多不丹人就是藏族的一支。当然从现在的考古学证据来看，实际上一些族群从藏缅族群中分化的时间更早，而不仅仅是在距今3000年左右，甚至早至新石器时代的距今4700年前就已经分化了，当然这其中的细节还需要我们今后继续深入研究。

五、同出一源，文化相连

距今5900—2000年，来自中国西北地区的汉藏语系人群不断征服青藏高原并向南不断迁徙。他们迁徙的时间早晚不一、人群规模不等、迁徙的路线各异、迁徙的目的地也各不相同，但是他们都有一个共同的源头，那就是距今6000年的仰韶文化人群。他们在向西、向南扩散与迁徙途中，可能不断地与当地文化相融合，形成了今天的汉藏语系，覆盖东亚、东南亚与南亚，横跨喜马拉雅山南北，呈现百花齐放、繁荣昌盛的格局。

换言之，汉藏语系有共同的文化渊源。尤其是藏缅语族人群，他们分化时间晚，语言上有密切的亲缘关系，人群也存在血缘关系，文化上也较为相近，这可以从母语是藏缅语族的不同民族的起源传说中看出来。我国境内有17个民族使用藏缅语族语言，包括藏族、门巴族、珞巴族、彝族、纳西族、哈尼族、傈僳族、拉祜族、基诺族、土家族、白族、羌族、普米族、景颇族、独龙族、怒族、阿昌族（孙宏开，2017）。这些民族大都有以"猴始祖"为故事内容的神话传说作为关于本民族的起源，包括藏语支的藏族，彝语支的彝族、纳西族、傈僳族、哈尼族等，这反映出他们共同的文化源头与古老的文化渊源。而且这些分布在青藏高原东部藏彝走廊的藏缅语族里的各民族，有把自己逝去的先辈送回故乡的"送魂"习俗等，即把先辈的魂魄送回原先曾经居住过的地方。由于迁徙历经数代，因此也记录了先辈们迁徙的路线，各族几乎都有其祖先从寒冷的北方南下迁徙而来的民间传说或史诗，使得藏缅语族人群广泛保留了本民族沿江河自北而南的民族迁徙的早期共同记忆（申旭，1999）。比如彝族，传说祖源地在江河水自北向南流、寒冷高山积雪的北方；而纳西族则传说祖先居住在北方，那儿有一个面积广阔的大湖，北方的大湖莫过于青海湖，因此纳西族有人认为自己的祖源来自青海湖及河湟谷地一带。当然这些所谓的传说，大都是口头传诵，而且不同族群对同一地理事物的称谓也并不相同，使得这些迁徙记忆已经模糊，很难考证准确的地点与路线。

综上所述，汉藏语系大体的迁徙路线得以揭示，即距今5900年前，中国北方黄河流域黄土高原的仰韶文化开始向西扩散，扩散至黄土高原西端、青藏高原东北缘；在距今4700年前向西登上青藏高原内部、向南进入青藏高原东部的横断山河谷地带；距今3000年以后沿金沙江、澜沧江、怒江到达云贵高原、缅甸等东南亚地区，并沿喜马拉雅山南麓向西迁徙。我们可以看到汉藏语系起源可以追溯至距今5900年前中国北方黄河流域的仰韶文化，汉藏语系的汉语族与藏缅语族分化，与仰韶文化庙底沟类型向西扩散相一致，而藏缅语族在距今4700年前第一次分化与马家窑文化早期在青藏高原向西、向南两个方向的扩散相呼应。距今3000年以后，藏缅语族内部又产生第二次大分化，这次分化后，汉藏语系现代格局基本形成。可以看到汉藏语系的形成与演变，历史非常悠久，对其深入的研究与倡导，有非常重要的现实意义，既可以服务于筑牢中华民族共同体意识，又可以拉近与东南亚各国人民之间的距离，尤其是能够联系汉藏语系母语者的感情，助力"一带一路"发展。

河牵姻缘——马家窑文化与宗日文化的共存与交流

青藏高原有"世界屋脊"之称。由于海拔高导致出现缺氧、低温、干燥、大风、强辐射等状况，因此青藏高原是高寒极端环境的代名词。青藏高原面积广阔，达 258 万 km^2。总体来看，青藏高原周边大部分被高大山地包围，北部有昆仑山—阿尔金山—祁连山，东部有横断山，西部、南部有喜马拉雅山环绕。青藏高原与周围地形形成巨大高差，突兀凸立，而且这种巨大高差出现在非常短的水平距离上。位于喜马拉雅山南麓的尼泊尔首都加德满都，海拔约 1400 m，其北侧不到 100 km 处就是高耸入云的海拔达 7000~8000 m 的喜马拉雅山，水平距离只有数十千米，高差达 6000~7000 m，这种巨大高差可谓是举世罕见。但是环绕高原四周，有一个地方比较特殊，那就是青藏高原的东北部，这里的地势高差相比高原其他地方要缓和得多。从高原边缘向腹地，海拔从低到高呈阶梯状逐渐抬升，而且这里发育了世界第五长河——黄河及其支流。和缓的地势、河流的滋养，使得这里的人类活动历史悠久，而且从文化交流来看，此处也成为中国西北黄土高原进入青藏高原的天然通道。黄土高原是中华文明的源头之一，其重要性不言而喻。

青藏高原东北部的地形，从东至西大致可以分为三部分：第一部分是高原边缘区——河湟谷地，这里海拔较低，在 2000 m 上下，水热资源较充沛，适合人类生存与生活；第二部分属于过渡区——共和盆地，海拔上升至 3000 m 左右，热量资源已有所下降，降水更显不足，风沙活动比较强劲，仅靠近黄河河谷的地段生存条件较好；第三部分是高原腹地——青南高原，海拔已经升高至 4000 m 以上，这里自然环境严酷恶劣，也是高寒极端环境的代表,已经难以满足农业需要,居民只能以放牧为生。虽然三部分自然环境迥然不同,但是却有一个共同点,那就是奔腾不息的黄河穿过了三个地区向东流去,将它们像串珠一样联系在了一起(图2-12)。

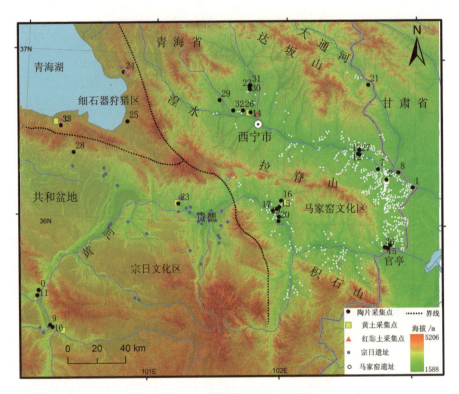

图 2-12 青藏高原东北部地形

距今5000—4000年前,青藏高原东北部的黄河上游地区是中国新石器文化的昌盛之地。在河湟谷地有以精美彩陶而闻名于世的马家窑文化。马家窑陶器器型多样,造型匀称而规整,经多次淘洗,多为泥质细陶,制作技艺精湛。陶器上的纹饰绘制精美,线条流畅、构图巧妙、精准而协调,动静结合,富有极强的节奏感与艺术感,是人类史前艺术的一朵奇葩。

在共和盆地则分布有受马家窑文化显著影响并富有高原特色的地方新石器文化——宗日文化,其典型代表是宗日遗址,它位于青海省海南藏族自治州同德县巴沟乡班多村和卡力岗村之间的黄河北岸二级阶地上(图2-13)。宗日遗存也有自己独特的宗日陶器,器型明显更单一,主要是壶、罐、碗；造型不甚规整，器表一般不打磨，胎乳白色，陶土夹砂，未经充分淘洗，制作较粗糙。陶器上的纹饰类型比较简单，主要有鸟纹、折线纹，绘制线条粗细不均，多歪斜。一些宗日彩陶，初看似在土块上画了几道绛红色。因此马家窑彩陶与宗日彩陶刚好是两个极端，形成了鲜明对比，前者复杂而成熟，后者简单而稚嫩；前者规则而精美，后者随意而粗放。这就像我们生活中截然不同的两个人，一个思维缜密，一个天性率真；一个雍容华丽，一个朴实无华。二者相比较，我们能说哪个更胜一筹吗？我想答案是不明确的，这恰恰就是我们生活的多元性。我们需要一个多彩的、不一样的世界，而马家窑彩陶与宗日彩陶，正是对它的最好诠释。

马家窑文化和宗日文化有很多共同点，比如它们的遗址都集中分布在

图 2-13　黄河流经宗日段

黄河与其支流的两岸，主食中都有粟、黍，都使用石刀等类似磨制工具。这说明宗日文化的确深受马家窑文化的影响。其中最关键的是，宗日遗存中直接发现了马家窑陶器，比如在宗日遗址里发现了马家窑鸟纹彩陶瓮和宗日鸟纹彩陶壶，两件器物都表达了同一个主题——鸟，二者形象与构图却截然不同。马家窑陶器上的鸟，脑袋圆圆，舒展双翅高飞，形象类似今天的卡通鸟，构图流畅而饱含韵律，也富有现代感（图2-14）。而宗日陶器上的鸟则构图粗犷，寥寥数笔就刻画出一只高原秃鹫凝重而苍茫的特征，虽然用笔粗犷，但是刻画却入木三分，非常传神。陶器颈部的折线纹，歪歪扭扭，更是不甚讲究，把宗日先民的随性与率真表达得淋漓尽致（图2-15）。不管生动还是粗犷，都令我们为马家窑与宗日先民通过艺术表现生活的方式所深深折服。

宗日遗址里同时发现有马家窑陶器与宗日陶器，甚至在宗日遗存同一个墓里，既出土有马家窑陶器，也出土有宗日陶器。但是在马家窑文化遗址里却难寻宗日陶器的踪影。近年来考古学家对宗日遗址进行发掘，发现墓葬M5出土的文物最为丰富和典型。M5的主人为一名25~30岁的女性，墓葬内有数量庞大的文物，说明其生前在部落中地位不一般，颈部不仅佩戴有绿松石饰品，还随葬有17件陶器，而宗日遗址的大部分墓葬仅发现随葬4~5件陶器。M5中发现了马家窑泥质彩陶7件，宗日夹砂

图2-14　宗日遗址出土的马家窑鸟纹彩陶瓮

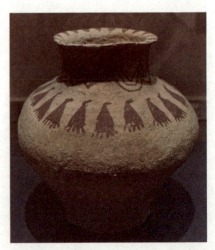

图2-15　宗日遗址出土的宗日鸟纹彩陶壶

彩陶 8 件、夹砂素面陶 2 件。其中最大的一个彩陶瓮，通高 37.5 cm，红陶黑彩。口沿、颈部至上腹部饰弦纹、连弧纹及波浪纹，肩部四大圆圈内饰贝纹（图 2-16）。

宗日遗存中的陶器，从数量上来看，宗日陶器占大多数，但是在河湟谷地的马家窑文化里未发现宗日陶器，这说明技术先进的马家窑先民向共和盆地的宗日先民进行文化输送，宗日文化在形成与演变过程中，的确受到了马家窑文化的影响。

我们不禁会产生疑问：宗日遗址里的宗日陶器是从哪里来的？由于宗日陶器数量占了多数，推测应该是由当地先民自己制造出来的。

如果宗日先民能够制造技术要求更高的马家窑陶器，为什么还在生产技术更落后的宗日陶器呢？推测可能是共和盆地的宗日先民主要掌握了生产宗日陶器的技术，却并没有完全掌握马家窑陶器的生产技术。

若宗日遗存中占多数的宗日陶器产自本地的话，马家窑陶器又从何而

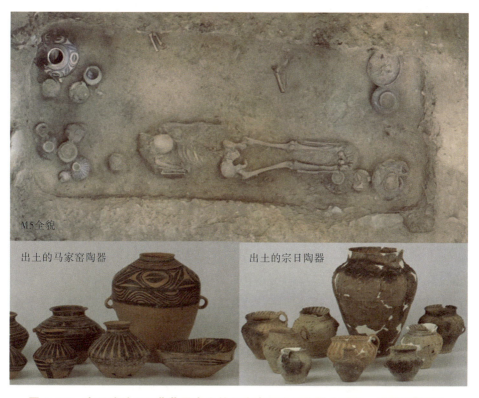

图 2-16　宗日遗址 M5 墓葬及出土的马家窑和宗日陶器（乔虹、李冀源供图）

来？为了回答这个问题，我们在河湟谷地与共和盆地分别采集了陶片样品，许多遗址满地皆是碎陶片，看起来不甚起眼，却是进行科学研究的好素材。

从33个遗址中搜集127枚不同文化时期的陶片，其中在共和盆地的同德县宗日村和兴海县羊曲村，采集宗日遗存陶片62枚（宗日陶片49枚，宗日遗存的马家窑陶片13枚），在河湟谷地采集到马家窑等史前文化陶片65枚，我们称之为河湟组陶片。这些陶片在区域上几乎涵盖了河湟谷地与共和盆地，类型上包含了宗日陶器与马家窑陶器两大系统。同时为了摸清陶器原料的本底数据，在河湟谷地与共和盆地采集了3个第三纪红黏土样品、5个黄土样品，共8个地点的土样品。

根据地球化学理论，陶器中黏土的化学组成、同位素比值、矿物结构等与其产地密切相关，而主要元素Na、Mg、Al、Si、K、Ca和Fe等决定了陶土的性质及原料的种类，反映出陶器的制作工艺信息。而微量元素则基本不受制陶工艺、埋葬和风化等因素的影响，可反映原料的产地信息。因此通过测定陶器的化学成分、元素，可以推测其原料产地。可采用X射线荧光分析测定陶片与沉积物的化学成分与元素。

由测定的陶片与土样Fe_2O_3含量分析表明（图2-17）：河湟组陶片Fe_2O_3含量在4%~8%，平均含量约在7%，与红黏土的平均含量较为接近，表明其陶土主要来自红黏土。但宗日陶片与河湟组陶片显著不同，Fe_2O_3含量在3%~8%，平均含量约在4%，与黄土的平均含量较为接近。这说明河湟组陶片和宗日遗存中的马家窑陶片，其原料主要来自红黏土，而宗日陶片则主要以黄土沉积物作为原料。

从全部测试元素的分析结果来看（图2-18），可以明显分为2组，以横轴0为界，羊曲和宗日遗存的宗日类型陶片分为一组，称为宗日组；河湟组陶片成为一组，特征向量1数值小于0，称为河湟组。宗日遗存中的马家窑陶片都落入了河湟组的范围，例如，在羊曲遗址发现的具有半山文化黑红彩螺旋锯齿纹特征的陶片YB1、在宗日遗址发现的具有马家窑文化特征的橙红色泥质彩陶ZM6等均与河湟组陶片混合在一起，表明河湟谷地和宗日文化马家窑陶器原料具有较高的一致性，或者说宗日遗存中的马家窑陶器与河湟组马家窑陶器原料产地一致，因此元素分析支持宗日遗存的马家窑陶器来自东部的河湟谷地马家窑文化分布区。由此可见，宗日

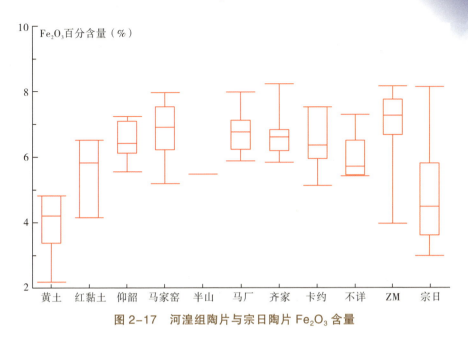

图 2-17 河湟组陶片与宗日陶片 Fe_2O_3 含量

注：河湟组陶片包括仰韶、马家窑、半山、马厂、齐家、卡约等文化陶片与不详，ZM——宗日遗存中的马家窑陶片，宗日——宗日陶片。

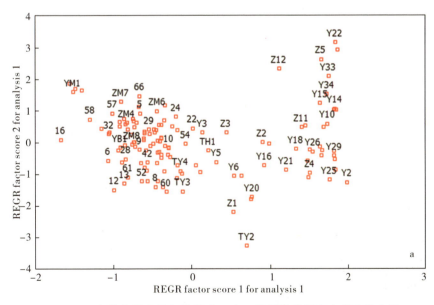

图 2-18 青藏高原东北部马家窑—宗日陶器化学元素主成分散点图

注：Z——宗日遗存的宗日陶片，ZM——宗日遗存的马家窑陶片，Y——羊曲遗存的宗日陶片，YB——羊曲遗存的马家窑陶片，数字——河湟组陶片，T——土样。

遗址中的马家窑陶器来自东边海拔更低的河湟谷地。我们脑海中似乎浮现出距今 5000—4000 年前的一天清晨，太阳初升，有一群人，身着布衣或兽皮，他们用干草包好崭新的、精美的彩陶罐，小心翼翼地装进布袋或者皮袋，生怕有些疏漏打碎了这些精致的物件，然后背起行囊，沿着滔滔西来的黄河而上，头顶烈日，面朝寒风，一步一步缓慢前行，他们的起点是河湟谷地，终点是宗日文化分布区。

但是也有特例，宗日遗存中的 13 枚马家窑陶片中的一枚陶片，其化学元素分析落入了宗日陶器的范围，这意味着此陶器使用的原料和宗日陶器一致，都是来自共和盆地。马家窑陶器不是都来自河湟谷地吗，这又该如何解释呢？研究者发现，宗日遗址里有少数陶器，非常奇特，它们是泥质细陶，胎质与马家窑陶器并无二致，造型规整程度比正宗马家窑陶器稍欠些火候，最特别的是绘制的图案却是宗日陶器独有的纹饰。

宗日遗址中还出土了一件彩陶盆（图 2-19），口沿绘制有锯齿纹，盆内是宗日陶器特有的点纹，外壁绘制的是典型的马家窑陶器常见的水波纹。我们可以推测，其中一种可能是这件看似出自马家窑遗址的盆是在宗日生产制造的，制作者对马家窑文化的纹饰比较尊崇，对当地宗日文化也较熟悉，在绘制过程中就融合了两种文化的纹饰与特质，成为既有马家窑文化特征，又有宗日文化特征的一件特殊的仿制品。可想而知，宗日遗址的马家窑陶器，来源较复杂，大部分可能是先民跋山涉水远途携带而来，也有一些可能是本地仿制而成。

我们推测这位仿制者一定非常特殊，是两种文化的见证者或影响者，

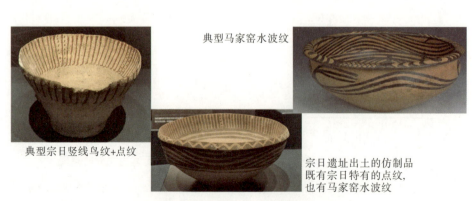

图 2-19　宗日遗址出土的马家窑仿制品

受两种文化的共同影响，并化作笔端的飞鸟、流水，线条中蕴含着对两种文化的认同与包容。我们可以猜想，他或是来自遥远的河湟谷地马家窑文化的游子，闯荡高原到了共和盆地，在这里他结识了新朋友；他或是马家窑游子与共和盆地的爱人结合的后代，不管怎样，他到了新环境，见识了新天地，加入了一个新群体，群体的名字叫宗日。

共和盆地在此之前有居民吗？答案显然是肯定的。考古学家20世纪80年代在地处共和盆地的贵南县黄河南岸一个叫拉乙亥的地方，发现了距今7000—6000年的细石器狩猎采集者的遗迹。这意味着马家窑游子初上高原、闯荡至共和盆地时，这里已经生活着靠狩猎采集为生的高原早期开拓者。这些早期狩猎采集者遇到沿黄河而来的马家窑粟、黍种植者会发生什么呢？我们隐约感觉到马家窑群体与宗日群体之间是千里姻缘黄河牵，河湟的彩陶汇成了一条河，绵延流长。这条河是文化之河、历史之河、民族之河、交流之河，也是中华之花的滋润之河。

让我们穿越时空，化作宗日，看看当时到底发生了什么。

我叫宗日，
居住在高山之巅，
滔滔黄河东流去。

千百年来，
我习惯了，
高耸入云的雪山，
随风摇曳的绿草，
和那疾跃如飞的黄羊。

我寻找石块，
打成叶子状的长条，
镶在骨头和木棒上；
拿着它，

去追逐羚羊，
围捕马鹿，
甚至还有旱獭；
我感谢上苍，
给予我赖以生存的肉食，
给予我御寒的皮衣。

说起我的皮衣，
是心爱的德姆亲手缝制，
穿在身上，
无论雨雪与泥泞，
无论酷寒与风沙，
始终暖在我身。

看着我的皮衣，
想起心爱的你，
伤心的泪儿流不止。
前年的你，
随着族人去了大山深处，
去追逐那西去的羚羊群，
从此杳无音讯；
你那一遇风寒，
就咳个不停的老毛病，
只有山中的热泉才能医治，
不知如今是否有了好转？

尽管相约黄河畔的誓言，
已被风吹散，
而我却愿意傻傻地等待，

去年此时，
我来到约定的地点，
发现，
天际，
一群人逆着黄河而上，
不同于我们，
他们穿着用布做的衣服，
他们选了一个靠河的平台，
开始忙碌起来，
有人捡起河中的黑石，
敲打后又卖力地磨了起来，
磨出斧和刀，
有人去砍山上的参天大树，
用树干搭起了棚子，
并用泥巴和草盖在上面，
有人放火烧起了台上长草，
拿起石斧在地上挖挖刨刨，
并挥手撒着草的种子。

大雁飞了又来，
今天我又来到相约的地点，
依然没有见到你的踪影，
传来的只是，
去年那群古怪的人的欢声笑语，
我愁眉不展，
而他们却为何如此欢愉？
我要打探个究竟，
也许可以打听到你的音讯。

我小心翼翼地走进了他们的家园,
出乎意料,
这群布衣人热情好客,
带我走东串西,
看这看那,
古怪的布衣人,
让我进入前所未见的世界。

让人称奇的是,
他们和着泥巴,
捏成一个盆,
放在火中烧个不停,
出炉后油光发亮,
坚硬无比,
最不可思议的是,
热水倒在其中,
盆完好如初,
布衣人用它来喝水、吃饭。

我恳请布衣人教我制作盆,
布衣人欣然答应。
心爱的人啊,
我要给它,
绘制上黄河的漩涡,
那是你最喜欢的图案,
然后端上一盆滚烫的热水,
去温暖你的身体,
化解那烦人的咳喘。

舞动滔滔——彩陶上的人纹释读

距今 5000—4000 年前，活跃在甘青地区的新石器时代中晚期文化被称为马家窑文化。马家窑文化根据发展阶段，分为早、中、晚三期。早期为马家窑类型（距今 5300—4500 年），中期为半山类型（距今 4500—4300 年），晚期为马厂类型（距今 4300—4000 年）。马家窑文化最为耀眼的遗存是灿烂的彩陶文化。马家窑彩陶因为精湛的技术、精致的造型、精美的绘画，成为史前文明天空中一颗璀璨的明星，创造了中国乃至世界彩陶制作工艺的巅峰。

一、马家窑时期的人纹

马家窑彩陶的核心在一个"彩"字，纹饰与图案构成了它的灵魂。彩陶纹饰丰富多彩、变化多端，但很少在陶器上可以看到人纹。因此彩陶中的人纹，因为少见而格外珍贵，成为文物中的珍品与精品。下面我们就来谈谈马家窑彩陶上的人纹。

先从马家窑类型陶器谈起，马家窑类型陶器上的人纹大致有三种画法。

第一种是广为熟知的彩陶盆上的舞蹈纹，即在陶盆内壁上绘有手拉手的人。目前公开发表的舞蹈纹彩陶盆资料有 3 件，其一出土于青海省大通县上孙家寨马家窑墓葬中，出土时已经碎为几片，后经拼凑黏合而成，但仍不失为国宝级文物。这是目前我国所知的最早的舞蹈实物证据，载入中国艺术史册，是呈现在教科书中的瑰宝。此舞蹈图案共有三组，一组 5 人，头上有发辫，下身有尾饰，5 人手拉手，头向、尾饰与步履整齐划一，呈现出翩翩起舞的欢愉、祥和的场景（图 2-20）。其二出土于青海省海南州同德县宗日村，与大通上孙家寨舞蹈纹彩陶盆有异曲同工之妙，构思与画风高度一致，似为"姐妹盆"，大体属于同一时期。该盆图案分为2组，分别为11人和13人手拉手呈集体舞动之步态，也是由碎片黏合而成，不同的是一组臀部似穿着圆裙，无发辫和尾饰（图2-21）。其三陈列于甘肃省武威市博物馆，为曲腹舞动纹彩陶盆，盆的造型腹部曲度更大，舞蹈人的画法更为线条化。以上3件舞蹈纹彩陶盆，可能是史前先民或为庆祝丰收、或为祭祀、或为休闲时光的欢愉、或为久别重逢……大家一起跳起了欢快的舞。

图2-20　上孙家寨舞蹈纹彩陶盆

图2-21　宗日遗址舞蹈纹彩陶盆

第二种画法是二人或单人抬物，现有2件器物：一件是宗日出土，绘有二人抬物（图2-22）；一件来历不明，推测也为宗日文化类型（图2-23）。目前对纹饰解释说法不一，各执一词。查阅历史，得知吐蕃时期有项"抱石头"民间体育活动，起源于早期先民的生产劳动。举抱重物、搬运石头是史前先民日常生产劳动的基本活动之一，大力士备受人们赞扬与爱慕，故通过举抱重物来显示人的力量与体质，并逐渐演变为一种民间的娱乐性竞技体育活动，非常普及，多在节日或聚会中举行。西藏山南桑耶寺壁画中就有人抱石头的真实画面（图2-24）。如此说来，这两件彩陶应该是最早抱石头体育活动的实证。

第三种画法是在马家窑器物颈部绘制人面，耳、鼻则是捏塑而成，双目圆睁，有一点稚嫩和卡通趣味，更多的是乐天与祥和（图2-25）。整个陶器具有高度的仿生意味，陶器上部为人头，下部为大腹便便的身体。其情景可能意味着将丰收的粮食装进了高大的陶器储备起来，主人高兴得合不拢嘴。

图 2-22　二人抬物盆

图 2-23　一人抬物盆

图 2-24　西藏山南桑耶寺壁画——抱石头

需要注意的是，前两种画法出现在马家窑文化边缘区，而最后一种出现在马家窑文化核心区。马家窑先民是农业种植者，继承黄土高原仰韶文化的衣钵，是仰韶文化西渐的结果。在向青藏高原扩张的过程中，势必与原先青藏高原细石器狩猎采集者发生接触与碰撞，在二者接触与碰撞地带，就产生了一种新的文化——宗日文化。考古学研究表明，宗日文化是受马家窑文化强烈影响下的一种土著新石器文化，而此前的狩猎采集者，居无定所，取于自然，隐于自然，天为被，地为床，更多地体现了人的原初自

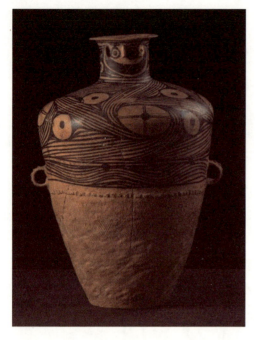

图 2-25　甘肃马家窑文化核心区人面壶

然本性。而农业种植者则不然，种田需要固定的村落与耕地，人们容易形成稳定的婚姻关系，人口更容易增长，人口增长自然需要社会规则与法则来约束彼此的行为，条条框框应运而生。比如需要精心计算储存的粮食是否足够过冬，因此对种植者要求更为精细，也逐渐被规则所约束。宗日文化由两种文化融合而成，具有二者的特质与优点。舞蹈纹彩陶盆就是在这种文化背景下出现的，其笔触既有狩猎者豪放不羁的本性，又有种植者精明灵动的特点，表现的是先民快乐与欢愉的动态场景。顺便提一句，现在的高原人民，尤其是藏族同胞，仍奉守"能说话就能唱歌，能走路就会跳舞"的信条，高原之高，他们生在云端，长在云端，在云端歌唱，在云端舞蹈。因此，他们个个能歌善舞，他们的血液里流淌着马家窑先民的艺术基因，他们的肢体里注入了舞蹈纹彩陶盆的奔放与豪情。

二、半山时期的人纹

接着来谈半山类型陶器上的"人"。此时期对人的表达有两种方式，除了绘画，还出现了较成熟的捏塑。此处展示的是一件有人形纹的半山类型彩陶，人形四肢舒展，身上似有横条装饰，显然是一名女性（图 2-26）。人形周围飘动着类似"万"字纹符号，显得格外神秘。这类纹饰不再像从前舞蹈纹所要表达的简单而快乐的生

图 2-26　半山类型人形纹彩陶

活场景，而像是表现出某种诉求。我们推测半山时期可能经历了某种社会危机，因为在青海省发现280余处马家窑遗址，半山遗址却仅仅发现不到百处，而其后的马厂遗址发现500余处。就遗址数量来看，半山遗址不升反降，想必当时的人口也在随之变动。半山时期面临人口减少的危机，社会需要更多的人口来支撑，因此，类似人纹的纹饰就具有强烈的生殖崇拜意味。半山时期也捏塑人形陶器，出现了人头像彩陶罐盖（图2-27），其面部特征清晰，而且人脸上有很多横竖条纹，说明当时人脸上可能涂有竖线为主的面饰，并不崇尚面部白净，它生动再现了当时的风俗习惯。这种涂面风俗可能在青藏高原流传了很久，直到大唐文成公主进藏，发现当地百姓有涂面风俗，后下令禁止，看来这种涂面风俗确实历史久远。较长一段时间内，有记者在玉树等地采风，仍能发现少数人有涂面的习惯（图2-28）。

图2-27 半山捏塑人头像彩陶罐盖

图2-28 玉树涂面妇女

三、马厂时期的人纹

现在来看马厂类型彩陶上的人纹。青海乐都柳湾遗址发现了捏塑人形彩陶壶（图2-29），延续了半山人纹的风格，突破在于绘画转为捏塑，从平面升级为立体。此时的捏塑人形女性特征更为明显、更为具体、更为全面，这也是中国经历原始社会母系氏族的重要实物证据，其意义不言而喻，是青海省入选国家博物馆的少数文物之一，代表中国尺度，体现中国古老的文明,这与当时的社会状况密切相关。马厂时期的社会尚处于母系社会,女性拥有较男性更高的社会地位,女性可以无所顾忌地充分表达自己,就像中国历代社会女性开放程度决定社会的开放程度。唐代画作《簪花仕女图》中女性衣饰华丽,身着低胸长裙,外罩薄纱(图 2-30),女性的开放程度略大,这个时代也产生了中国唯一一位女皇帝。当然现代女性已经完全实现男女平等,女性也敢于表达自我而不受约束。也就是说女性的开放是自我给予的,并非男性所赋予,原始社会女性不受约束,也可以很好地表达自己,因此这件彩陶可能是女性自我意识的体现。史前时代,女性更多地承担了采集与制陶的社会分工,因此很多陶器可能出自女性之手。另外,马厂时期发现了一些捏塑人头,镶嵌在陶器上(图 2-31),这类人头通常出现在民间所说的蛙抱球彩陶上,尤其是蛙头部位置,说明民间所谓的蛙纹,其形象并不是青蛙,而是活脱脱的人。如果按照这个思路,马厂时期蛙抱球非常流行,可能都是人像,所以很多人建议称其为神人纹,颇有道理。捏塑人头面部也涂有纹饰。有人提出,中国早期是书画同源,文字与图案并没有严格的界限,彩陶上神人纹的构图,与汉字"巫"

图 2-29　柳湾遗址捏塑人形彩陶壶

图 2-30　唐代《簪花仕女图》(局部)

极为相似，而在汉语中"巫"与"舞"同音。根据民族学资料，部落的巫师在作法时，需要借助肢体的舞蹈来实现。由此推断，马厂时期巫师是通过跳舞来完成自己的职责，他们也是名副其实的舞者。当然，需要区别的是，马家窑时期是一组人手拉手起舞，这是先民舞蹈艺术的现实生活场景；而马厂时期的舞者，是在独舞，多表情严肃，明显少了马家窑时期的那份欢快感，多了份庄重感，这显然与巫师所作的法事舞蹈有关。

图2-31　捏塑人头彩陶壶

考古学资料表明，从马家窑时期到马厂时期，人口数量有很大增长，人均拥有的陶器数量从数件增长至数十件，社会生产力水平显著提高。马厂时期有些墓主人甚至拥有近百件彩陶，聚敛了大量财富，而有些墓主人却空无一物，表明社会分化日益明显，社会状况日趋复杂。陶器上人纹由简单、欢快的舞蹈场景，演变为巫师作法，暗示掌握权力、聚敛财富、社会分化的开始。人类社会从简单走向复杂，从低级走向高级，从愚昧走向文明，从落后走向先进，这是社会发展浩浩荡荡的洪流，是社会发展的必然。但是社会发展中人也在不断变化，就像一个人，孩童时需要稚嫩的童趣，少年时年少轻狂，青年时热血沸腾，中年时如日中天，晚年时如浩浩江河归入大海般平静。我们在人生的后一阶段，往往会丢失前一阶段最为珍贵的特质，我们希望在年迈时仍保留孩童时的童趣、青年时的热血、中年时的成熟。但是人类社会的发展没有终点，只有前进。今天人类社会已经高度复杂化与精细化，创造了前所未有的极为复杂的虚拟系统，这种虚拟系统甚至远超过我们的想象，且还在继续进步。但是我们要不忘初心，不忘人类的本性，简单明了、快乐愉悦、美观实用……我们仍可以从古老的文明中汲取诸多精华，这也是我们了解古老文明的意义所在。

方圆几何——彩陶上的数学知识

青海东部的河湟谷地是新石器时代马家窑文化的摇篮，分布有大量的马家窑文化遗址。马家窑文化以发达的彩陶而著称于世。彩陶被称为史前世界的万花筒，通过彩陶，可以窥见史前世界的方方面面。马家窑文化还使用磨制石器以及骨器等生产工具。众所周知，数学是人类最古老的一门学科，是在日常生活中日积月累逐渐应用而形成的逻辑思维及运算能力的综合。马家窑彩陶与生产工具也反映出史前先民对数学的认知与掌握。让我们一起探究彩陶与生产工具上的数学知识。

一、数之法出于圆方

平面几何图形包括圆形（正圆形、椭圆形、多焦点圆形、卵圆形）、多边形、三角形（直角三角形、等腰三角形、等边三角形）、四边形（不规则四边形，规则四边形如平行四边形、矩形、菱形、正方形）、梯形（直角梯形和等腰梯形），以及弓形（由直线和圆弧构成的图形，如优弧弓、劣弧弓、抛物线弓等）和多弧形（包括月牙形、谷粒形、太极形、葫芦形）等。

平面几何图形在彩陶上极为常见，成为其纹饰构图的基本要素和单元。甘青地区曾出土了一件半山类型菱形纹彩陶壶（图2-32）。此菱形纹饰多达3层，菱形中嵌套菱形，三重规整的菱形纹相互套合，一起合成规整而极富韵律、极具美感的平面几何图形。

半山时期的另外一件彩陶，也将平面几何图形的应用发挥到了极致，这就是垂弧纹彩陶壶（图2-33）。彩陶壶全身的主体纹饰为多组垂弧纹组合，颈部为3条细线条组成的垂弧纹，其余为1组红色粗线条、2组黑

图 2-32　半山类型菱形纹彩陶壶

图 2-33　半山类型垂弧纹彩陶壶

色粗线条组成的垂弧纹组合，这样的组合又重复 3 次，且相互平行，口沿内也为细垂弧纹，制作者将简单的垂弧纹通过粗细组合、黑红颜色搭配，综合成一件令人称绝的史前艺术品，反映了史前先民高超的构图能力、独特的审美眼光。看似简单的垂弧纹组合，从上部俯视，呈现一派繁花似锦的效果，令人拍案叫绝。

我国早期历算数学著作《周髀算经》中记载道："数之法出于圆方，圆出于方，方出于矩。"这说明数学是从规矩测量中产生的，我国早期数学与圆形、矩形等图案绘制和计算密不可分。马家窑彩陶上的平面几何图形如此普遍与成熟，意味着原始数学在当时已经产生并广泛应用。

二、隶首作数　源远流长

从彩陶上我们也不难发现古人计数的运用。由于人有十个手指，因此十进制应运而生。在生产实践中对计数的要求也非常普遍。有一件马厂类型彩陶罐非常有意思，其主体纹饰为竖线纹，颈部的一组全为 4 条竖线，共 8 组；腹部的一组全为 7 条竖线，共 8 组。尤其是腹部的 8 组竖线纹，每组均为 7 条竖线，很显然制作者在画图时进行了严格的数学计算，而且采用的是十进制的计数方法。如果没有精细的数学计数做支撑，怎么能做到绘制 8 组同样的 7 条竖线呢？况且数字 7 通过一只手无法计数完成。联想到直线是彩陶的基本构图要素，许多彩陶在绘制直线时，并无定法，并不严格遵守数学计数来进行绘画，因此这件竖线罐是弥足珍贵的，让我们窥探了4000年前史前先民严谨的数学思维,以及数学计数的实际运用(图2-34)。

图2-34 马厂类型竖线纹彩陶罐

考古学资料证实,距今4000年前计数应用已经非常广泛。柳湾遗址出土了大量彩陶,许多彩陶在下腹部绘制有一些单体图案(图2-35)。绘制的部位表明其功能不是作为美学的纹饰,更像是一种记事性符号,带有记录功能。而最为常见的彩绘符号是或横或竖的多条线形符号,这些符号是由1~5条横线或竖线单独组成,或者横竖线组合而成。这些符号很容易让人联想起数字或计数,制作者信手所画已经将计数描绘于陶器上,又或是制作者对自己制作陶器个数的标识(图2-36),让后人产生无限遐想。

需要注意的是,这些符号与传说中隶首作数的数学符号非常类似。隶首据说是黄帝时期一名负责制数和算法的官员,他创立了1~10计数符号:丨、丨丨、丨丨丨、乂、δ、亠、亠丨、亖、夂、十。这种计数在很长一段时间内被广泛应用。看了乐都柳湾遗址马厂时期彩陶下腹部的符号,与民间传说中隶首作数的数字符号,简直是如出一辙,乐都柳湾马厂时期彩陶线形符号正是民间广为流传的隶首作数。我们不禁惊叹古老文明源远流长,延绵至今。如此说来,隶首作数的10个数,一定是历史久远的,猜测我们可能有幸找到了它最初的源头。

 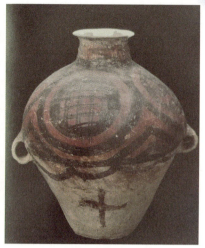

图 2-35 柳湾遗址出土下腹部带有符号的彩陶

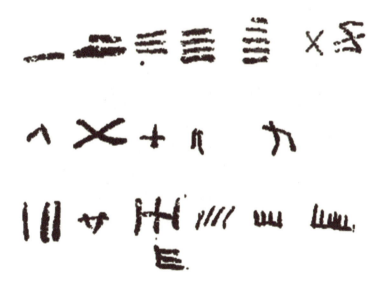

图 2-36 柳湾遗址马厂时期彩陶线形符号

三、布指知寸　布手知尺

人类对长度及其计量单位的需求显然由来已久，古人早有"布指知寸，布手知尺"的说法。"布指知寸"是说手指的长度为一寸，可以用来测量；"布手知尺"是说展开大拇指和中指其长度为一尺，即手可以作为尺子用来测量。我们可以看到，早期人类进行长度测量时常用手、脚等人体部位作为计量标尺来实现测量，正所谓是"身为度，称以出"。

甘青地区不少马家窑时期遗址可能仍然存在"身为度，称以出"的现象，但是已经开始逐步摆脱以身为度的原始阶段，出现专门的测量工具，如一些带有计量标尺意味的有趣器具。青海省民和县曾发现一件马厂类型的骨刀，长30.6cm，最宽处4.5cm。令人惊讶的是，在刀的两边均刻有九等分的刻度，刻度之间的距离约为0.5cm，在刀的手柄上还刻有人头像，这属于典型的史前风格。因此这把史前时期的骨刀对研究古代计量发展史具有重要的意义，其可以证明距今4000多年的先民，在生产实践中已有计量长度的需求，并产生了等分刻度的概念，这把带刻度的骨刀可以说是最早的尺子（图2-37）。

图2-37　马厂类型带有刻度的骨刀

国家博物馆和上海博物馆保存有两把商代后期的象牙尺，它们是我国之前所发现的最古老的计量器具，距今已有3000年的历史。而前面提及的那把带有刻度的马厂类型骨刀，将我国的计量发展历史整整向前推进了1000年，可谓意义非凡。

实际上，人们对长度及其计量单位的需求非常广泛，一般只要有生产劳动，便需要计量长度。例如量体裁衣、制作工具、建筑屋室、土地丈量等，生活中的长度计量应用比比皆是。当然，不同的生产用途需要的测量长度与单位有巨大的差异,且计量及其单位多应用在生产劳动中,所以带有刻度的器具多是生产工具。

另外,在甘青地区发现的一件马厂类型石器,也似乎显示出史前刻度的影子。这把石刀做工平整,呈长方形,短边两端均刻有深浅与宽度大体一致的凹槽;石刀背部一端刻有 2 组凹槽,一组有 4 个,一组有 9 个,而石刀背部另一端刻有更浅的凹槽,多达十多个,带有明显的刻度性质(图 2-38)。可以说这是一把可以用刃部来削制物体,同时又可以用不同刻度来测量尺寸的多用途、多功能、设计巧妙的史前石刀。

图 2-38　马厂类型带有不同刻度的石刀

需要指出的是,如果先民仅仅是为了制作尺子,用木头则更为便利。但是岁月变迁,马家窑时期即使有木制的尺子,也早已被岁月侵蚀,融于大地之中。只有那些抗腐蚀、易保存的陶器、石器和骨器,经受了岁月的考验,或多或少被保留至今,让我们得以窥探先民无穷的智慧与创造力、精彩纷呈的艺术精神与审美视角;让我们记住他们是使用自己勤劳的双手创造了艺术与科学,实现了艺术与科学的完美结合。

尽管史前时期没有文字,也没有字典,他们的词汇里也可能没有"艺术"与"科学"二词,但他们确确实实是在创造艺术与科学。习总书记指出,"历史是人民创造的,中国的发展成就是中国人民用自己的双手创造的,是一代又一代中国人顽强拼搏、接力奋斗创造的。"这些发现正是其生动体现。

彩陶成河——柳湾

1974年春，青海省乐都县高庙镇柳湾村群众在村后低山修建灌溉系统时，挖出一些彩陶，恰被附近施工的解放军某部的军医所见，报告给了青海省文物保护管理所。后经考古发掘，发现这是一处距今4000多年的古代文化遗址，即著名的乐都县柳湾村原始社会氏族公共墓地，是中国西北地区规模较大的原始社会氏族墓地之一（图2-39）。墓地规模浩大，青海省文物管理考古队、中国社会科学院考古研究所青海工作队经过连续6年的发掘之后，清理墓葬1700余座，出土珍贵文物3.5万余件，其中各种形制的彩陶器皿多达1.5万件。这里是名副其实的彩陶王国，而发掘人员面对川流不息的湟水河，不禁感叹柳湾也可谓是彩陶汇成的河。

柳湾墓地坐落在乐都县东部高庙盆地的柳湾村，村北有一处东西走向

图2-39　柳湾墓地与高庙盆地

的旱台，氏族墓地就在其上。整个墓地东西长500余米，横卧在半山坡上，总面积达1万m^2左右。发掘的器物证实，柳湾墓地分别属于新石器时代晚期的马家窑文化的半山类型、马厂类型，铜石并用时代的齐家文化，以及少量青铜时代的辛店文化。从距今4500年前半山时期人群入住此地开始，至距今2600年辛店文化结束，该地点被史前柳湾先民作为聚落居住了近2000年，不能不说这是一个奇迹。在青海众多聚落发展历史上，能与之相媲美的只有西宁市。如果将汉代名将霍去病在公元前121年设立西平亭作为西宁伊始的话，西宁历史也有2000余年了，但是柳湾作为聚落存在比西宁还要早很多。柳湾墓地以马厂类型墓地为主，出土的器物也以马厂类型最为丰富。马厂类型广泛分布于甘肃西部和青海东部地区，活动时代为距今4300—4000年。

陶器是先民的日常生活用具，而彩陶则是艺术化的日用品。这说明先民内心对美有极度的渴求，并有极高的审美能力。更主要的是他们是地地道道的史前制陶彩绘艺术家，不仅制陶工艺精湛，所绘之彩的精湛程度，也被今人所称道（图2-40），突出反映了马家窑先民的聪明才智和独特的审美意识。出土的彩陶表面胎体为橘红色，或施以紫红色，上绘黑色的

图2-40　柳湾彩陶博物馆陈列的彩陶金字塔

几何线条，构成抽象的几何图案或动物形花纹，整个画面构图精巧，线条流畅，讲究对称，黑红搭配，且以黑彩为主，寥寥几笔便生动传神，突出了意境之美。所有这些特征都具备了中国画的最基本要素，是真正的中国画的鼻祖。彩陶的器型主要有盆、壶、罐、瓮、豆、碗（图2-41），反映了先民定居生活的发达与丰富，这其中许多器型与今天同类器型毫无二致，反映出了人类文化传承的连续性。

柳湾墓地发掘出马厂类型墓葬1000余座，占总墓葬的60%。由于墓主人生前身份和拥有财产不同，墓室规模和随葬彩陶数量也各异，一般可分为大、中、小三种类型。小型墓随葬陶器10多件，最多的也只有30多件；中型墓随葬陶器达50~60件；而随葬陶器达70余件以上的是大型墓。

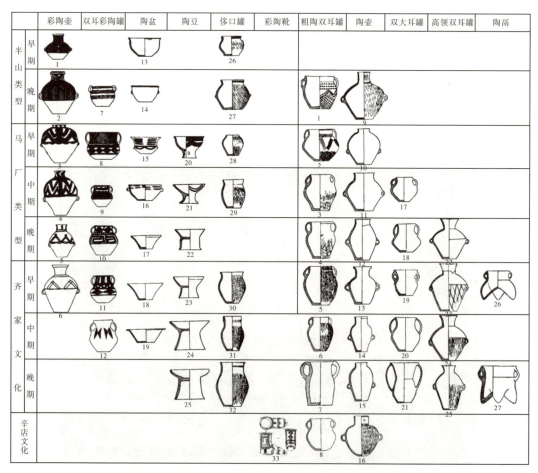

图 2-41　柳湾墓地陶器器型—纹饰分期（中国青海柳湾彩陶博物馆等，2014）

发掘出的第 564 号墓，墓室全长约 5 m，宽和深各 3 m 左右，墓主人为 40 多岁男性。此墓随葬文物颇多，除了石刀、石斧、石凿和一件绿松石装饰品外，仅陶器就有 91 件之多。这些陶器中，彩陶又占绝对优势，可见主人财产之丰，也说明其在氏族中的地位非同一般，推测可能是氏族的首领或有突出地位的巫师等，拥有较高的社会地位。根据这一发现，推测马厂时期是父系社会的意识形态，而非有些人认为的母系社会末期，或者至少是处于父系社会早期，否则如何解释有男性的氏族首领呢？根据人类学的研究，在历史长河中，一般认为巫术产生于旧石器时代，当时应该是母系社会，巫师一般由女性担任。

此外，柳湾彩陶中的一部分，在其壶体下部绘有各种不同的符号（图 2-42）。学者们猜测这些符号是陶器制作者的记号，或代表氏族的徽号，或表明某种器物的特定用途。无论如何，这些符号都具有特殊的含义，是一种记事性符号，具有表达的功能。这些符号在西北地区彩陶中有普遍性，应该是文字的一种前身，有些已具备汉字的基本特征——方方正正。在几百年之后的商代，中国出现了系统、成熟的象形文字——甲骨文，因此彩陶上的符号应该是中国方块文字的祖源之一。

图 2-42　彩陶下腹部的符号

由于柳湾墓地彩陶规模巨大，文物丰富，发掘时间漫长，被考古界所瞩目。日本友人小岛镣次郎先生在参观柳湾墓地后，被柳湾墓地数千年的文化沉淀所震撼，于是和青海省政府共同出资，修建了中国青海柳湾彩陶博物馆（图 2-43）。

我们知道，许多遗址因为人类活动增多而被破坏，而柳湾遗址，成了这众多史前遗址中的"幸运儿"，考古学系统发掘研究在前，为后人提供了比较详尽的资料。2006 年 5 月 25 日，柳湾遗址作为新石器时代至青铜时代古遗址，被国务院批准列入第六批全国重点文物保护单位名单。

图 2-43　柳湾彩陶博物馆

泽润四方——彩陶后人今何在？

柳湾遗址位于高庙盆地西北部，总面积约 12 万 m^2，是目前中国西北地区已知的规模较大、保存较为完整的原始社会晚期氏族公共墓地，全国重点文物保护单位之一。遗址从地形上看，东西长 10 km，南北宽 3 km，为河谷盆地，1974 年至今共发掘各种文化类型墓葬 1730 余座，其中马家窑文化半山类型（距今 4500—4300 年）墓葬 257 座、马厂类型（距今 4300—4000 年）墓葬 872 座，齐家文化（距今 4200—3600 年）墓葬 366 座和辛店文化（距今 3600—2600 年）墓葬 5 座，出土文物近 4 万件，包括陶器、石器、骨器、装饰品等，反映出当时农业、手工业的分工以及制陶手工业已达到一定水平。需要指出的是，这仅仅是经过正规考古发掘的墓葬数量，尚有部分墓地被大肆盗掘，真实墓葬数量已经难以统计，单是氏族墓葬数量就要远远多于 1730 座。

柳湾遗址坐落在湟水河北侧三级河流阶地和低山地上，当时先民的聚落大致位于今天的柳湾村。根据墓葬出土的棺木年代测定结果可知，最早的棺木为半山类型，年代距今 4500 年前，墓葬年代主要集中在距今 4500—3900 年；同时，墓葬证据也表明直到青铜时代晚期的辛店文化，即距今 2600 年前，仍有先民居住在柳湾。也就是说，柳湾先民在此地几乎不间断地生活了近 2000 年，历史之久远实在令人惊叹。至今，来此参观的许多游客总是好奇地追问，柳湾遗址持续了数千年后缘何没落，甚至走向消亡？今天的柳湾村民是不是柳湾先民的后人？史前的柳湾先民最后去了哪里？目前的科学研究还难以全部回答这些问题，但是根据一些考古学发现可以大致推测柳湾的兴衰及其后裔情况。

柳湾墓地出土的墓葬，半山类型有257座；马厂类型迅速增多，并达到鼎盛，出土墓葬872座；距今4000年前后的齐家文化，墓葬数量开始迅速减少，约有前期的一半；进入青铜时代的辛店文化，墓葬仅有5座。依据现有资料，可以看到柳湾墓地兴起于距今4500年前，兴盛于距今4300—4000年，距今4000—3600年则保持了一定的规模，但已出现明显的衰落势头，至距今2600年前，几乎接近消亡，此后再无活动记录。

环境考古研究表明：距今5300年前，青海东部河湟谷地马家窑文化兴起，此时气候状况较佳，气温比现在高2℃~3℃，降水量比现在高50~100 mm，可谓风调雨顺；再加上这里黄土堆积厚，地势平坦，因此是发展粟、黍旱作农业的理想地域。在这种适宜的环境和社会条件影响下，马家窑文化也在柳湾墓地所在的高庙盆地生根发芽、开花结果。但是距今4000年后，整个中国北方季风衰弱，降水量迅速减少、气温整体降低，气候干冷化，使得种植业难以维持，畜牧业开始确立，并逐渐成为主导产业。显然，种植业需要稳定的居所，而畜牧业需要广阔的草场，生活方式为居无定所的游牧。在这种大的气候变化和社会演变背景下，柳湾遗址衰落了，但柳湾村的地理环境显然更适宜发展种植业，不适宜发展畜牧业。或许在畜牧者眼里，柳湾仅是一块价值不高的土地，他们需要开辟新领地，找到更适合自身发展的土地。

那么现代的柳湾村民和史前柳湾先民有什么关系呢？回答是明确的，没有关系。史前柳湾后裔今何在呢？这里做一个梳理与推测。首先，由于柳湾墓地最后的居民是辛店先民，也就是说柳湾墓地最后的主人是辛店先民，辛店文化是活跃于西北地区的青铜时代晚期文化，大概对应历史记录中的羌，因此柳湾墓地距今4000年前左右的马家窑文化和齐家文化，至距今2000余年，其继承者为羌人，而羌人正是历史上活动于河湟地区人群的主体。毫无疑问，柳湾先民的后裔有一部分直接演变为羌人，羌人又成为青藏高原土著人群——藏族和土族的重要族源之一。故从这个角度来看，现在活跃于青藏高原，尤其是河湟谷地的藏族、土族可能流淌着数千年前柳湾先民滚烫的血液。

其次，在柳湾墓地发掘了数千座墓葬，出土了不少古人类遗骸，这些遗骸成为研究史前先民与现代人的重要证据。根据考古学家对柳湾墓地出土的347具人骨的研究结果，发现柳湾先民虽然生活在此前后长达近两千年，但其居民体质并无明显差异，基本上属于相同的体质类型，其间并无中断，这也就是通常所说的氏族公社前后一脉相承。耐人寻味的是，柳湾先民体质特征与商代华北地区的先民及现代华北人群较为接近。这透露出什么信息呢？这说明柳湾先民的一部分，进入了黄河中下游地区，并成为构成中原人基因的一部分。

史书记载也为此提供了佐证，《史记》中记载，"大禹出于西羌"，西羌显然是活动于河湟地区，该记录表明早在距今4000年前后，黄河上游的人群就开始向黄河中下游迁徙。另据甲骨文记载，在商代，活动在中原的羌人更为广泛，甚至一些羌人在官府中任职。结合柳湾墓地的资料，半山类型至马厂类型，遗址人口数量迅速增长，但到了齐家文化，遗址数量明显下降，到了辛店文化几乎消亡殆尽。我们知道人类的历史是在曲折中前进的，前进是主旋律，曲折是伴奏曲。而柳湾遗址却经历了前期迅速发展、后期迅速消亡的历程。人类在发展中有极大的主动性，很难坐以待毙，柳湾也呈现出类似的境遇，适宜条件促进了社会发展，不利的条件促使变革与迁徙。柳湾先民在遭遇距今4000年前全球性气候危机后，一部分人选择留守原地，更多的人可能选择了迁往他处。因此，相当一部分先民在氏族领袖的带领下，毅然决然地迁往东部，成为角力中原的重要力量，参与中华文明的形成与构建，最终成为中华文明不可或缺的一部分。

当然这种迁徙并非是单向的，而是多向的，只是时间有异，规模有别而已。不排除柳湾先民通过横断山脉著名的藏彝大走廊，向西南地区迁移，形成了现今彝族、白族、水族等少数民族。此外，也存在向西迁移的一支柳湾先民，其通过河西走廊和柴达木盆地迁移至新疆一带，并留下与柳湾类似的彩陶和"若羌"这个地名（图2-44）。因此，从这个意义上说，柳湾先民是古老中华文化的源头之一，更是中国人的源头之一，真可谓是柳湾后裔遍四方。

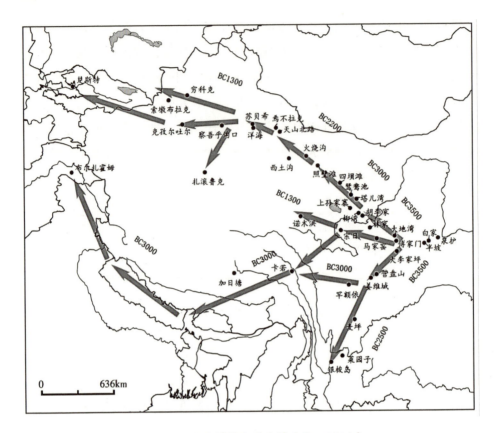

图 2-44 彩陶扩散之路（韩建业，2013）

彩陶密钥

一、彩陶纹饰释读

彩陶是艺术之中的艺术,这里展示一件马厂类型彩陶。主体纹饰为蛙抱球,全身布满草根纹,尤其是圈球更为明显,线条模糊不清。其中一面蛙纹尚可,肢爪用3条平行线绘成,躯干为不常见的菱形与折线;另一面的上肢干处有一特殊的小图案(图2-45)。经考证,这是神人纹。令人费解的是该神人纹为何有3条腿,这很可能与青海湖卢山岩画、宁夏中宁岩画中的图案类似,是先民生殖需求的表达(图2-46)。按照这一思路,这件彩陶的蛙纹躯干部分的解读也迎刃而解。如此来说,这件陶罐的含义

图 2-45　马厂类型男女性征彩陶壶

是，主体蛙纹是一位女性，该画面是彩陶主体纹饰，暗示当时社会以女性为主，女性地位应该高于男性，蛙纹似是一位舞动的女性，据现有资料，推测可能是最早跳巫舞的女性。同时画面上有两位男性，其中一位图案已经模糊不清，另一位为典型男性形象的表达，只是绘制的个头很小，暗示男性当时处于从属地位。总体上说，这件彩陶壶纹饰非常特别，既绘有女性，也绘有男性，寥寥几笔就形象生动地把男女性别差异通过图案描绘出来，可谓彩陶虽小，却意味深长，彩陶虽破，却弥足珍贵！它是上古社会的记录片，是史前时代的无字天书！

图 2-46　岩画中的男性形象

（从左至右：宁夏中宁岩画、青海卢山岩画、青海共和切吉岩画）

中国有句古话，无心插柳柳成荫，即许多你做的事，并不是你直接想要做的，而产生的结果却超出你的预料，这种想法深深植根于中国传统文化。比如，老子的道家思想强调无为，但是最终的结果却是有为，这是古老的东方智慧，西方人恐怕不易理解。如这件马厂类型万字纹彩陶罐（图2-47），就是以底色为图案的典型，所绘图案，并不是作者本意，需要的其实是本底的背景图案即万字纹，正是于无为处且有为，可见东方智慧已经肇始于原始

图 2-47　马厂类型万字纹彩陶罐

社会，这也是中国人为何崇拜祖先的原因吧！

中华文明上下五千年，绵延不断，至今中国人骨子里的思维源头实际上可以追溯至文明之初。老子曾说："道生一，一生二，二生三，三生万物。"马家窑时期彩陶鸟纹与十字鸟纹较为常见，至半山时期鸟纹演变为十字纹，进而演变为万字纹，马厂时期万字纹进一步发扬光大，变得丰富多彩起来，进入历史时期演变成传统经典纹饰——祥云纹，这种纹饰曾出现在2008年北京奥运会奥运火炬上，它是中华文明的代表性元素。正所谓凡事皆有源与缘，中华文明源远流长，祥云纹的源头可以追寻到远古时代（图2-48）。

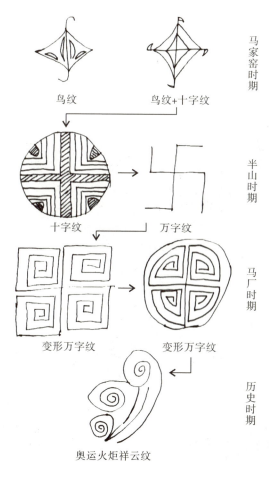

图 2-48　祥云纹演变图

此外,马家窑彩陶上常见有民间俗称的"蛙纹",实际上这种纹饰可以称为神人纹、巫师纹或者祭师纹。神人纹是马厂时期的主体纹饰之一,距今4000年前非常普遍与流行。以前证据器物较少,含糊称作蛙纹尚可,因为没有确凿证据。现在随着考古学证据的增多,发现先民在对纹饰构思时是按照人来构图的,而非青蛙。而且,已有充足的证据可以逐渐恢复先民的准确意图,我们发现问题应及时改正。神人纹确定后,就往人的方向推测,而不再揣摩为什么先民要画青蛙的问题,从而避免犯方向性错误。例如,乐都县柳湾出土的马厂类型人体捏塑彩陶壶(图2-49),属于典型的马厂晚期陶器,颈部处有裂痕,造型也并不规整,但是这件彩陶壶却非常罕见,历史与考古价值极高。彩陶的一面捏塑有人体,女性特征明显,为女神之祖,是中国经历母系社会的实物证据。需要注意的是,捏塑人体下侧有肢爪纹,而另一面对应的是很常见的所谓"蛙纹",因此绘制者思路很清晰,创作的就是人,而不是青蛙。因此,有关神人纹、蛙纹的问题,目前的证据都指向神人纹,不是蛙纹,这种判断基本是准确、可靠的。

图2-49　柳湾出土的马厂类型人体捏塑彩陶壶

二、西羌图腾羊角纹

自古以来,羊是一种重要的家畜,同时有吉祥、祥和的含义,大家喜欢以羊为图案样式制作饰品,这些羊饰品颇受欢迎。如今人们的生活水平日益提高,对精神生活的需求也在日益提高,因此羊饰品格外引人注目。实际上,以羊为题材的艺术品历史久远,可上溯至原始社会。

青海省博物馆收藏有出土于青海省民和县小旱地墓地辛店文化的羊角—太阳纹彩陶罐(图2-50),该器物高24.9 cm,口径12.3 cm,腹径19 cm,底径7 cm,通体施以白色陶衣,以黑彩为主,局部以红彩为底,敞口、双大耳;整体造型高雅别致,匀称协调、富有流线型,宛如一位高贵秀丽的公主。最引人注目的是绘在其上的纹饰,绘彩笔法流畅而古朴,娴熟而准确,样式对称而饱满,构图非常独特。器身上部绘折线—菱形—平行线纹组合,上腹部以羊角纹为主体纹饰,其上辅以太阳纹,下腹部为竖线纹与勾纹。

由于时代久远,我们无从知晓这一图案最初的真实含义。但是解读彩陶上的纹饰,是彩陶爱好者最具挑战性和刺激性的一项工作。通过分析可以大致了解到,该纹饰与羊有关。我们知道,辛店文化是分布于青海省的原始社会晚期的一种文化,活动年代为距今3000年左右,相当于中原地区的商、周时代。商时期产生了我国最古老的文字——甲骨文。甲骨文上多次提到"羌",而羌是活动在甘青地区的原始居民,必是辛店文化等文化时期的主人。众所周知,甲骨文是一种象形文字,甲骨文中"人""羊""羌"的写法都是象形的,联系这三字可以看出,"羌"的含义是人头上有一个羊角。

图2-50 辛店文化羊角—太阳纹彩陶罐

我们感慨祖先在创造文字时的高明，羊的形象中最明显的莫过于其头上的一对大大的羊角，将这大大的羊角赋予人便成了"羌"字，这一字便道破了羌人与羊的密切关系，这也符合史书上把羌人称为"西戎牧羊人"的记载。

原来，经历了仰韶文化时期温暖潮湿的气候后，到商、周时期，气温开始降低，气候变得干燥。地处西北的甘青地区，先民的经济活动逐渐以畜牧业为主，牧羊便成了维持生计的主要活动，羊也在羌人生活中变得不可或缺。久而久之，羌人和羊的感情日益加深，以至于产生了对羊的崇拜，产生了羊图腾。这一点在《山海经》中有清楚的记载，"凡西山之首……皆毛牷，用一羊祠之"，意思是说西方的许多地区，祭祀时用一只完整的羊作为祭品，可见羊在当时羌人的生活中扮演着重要的角色。

这件辛店文化彩陶的纹饰意为羊角的意图非常明显，彩陶中的图案"M"和甲骨文中"羊""羌"中的部分不谋而合，这仅仅是巧合吗？显然不是，它是青海早期土著居民羊图腾的明证，只不过这只羊是被抽象化、艺术化了，所以这件彩陶上的纹饰无疑是羊角纹。

此外，有的彩陶上还绘有两个太阳（图2-51）。俗话说"天无二日"，为何辛店先民会在彩陶上绘两个太阳呢？这可能是当时遇到了连年大旱，对先民生产、生活产生了巨大危害，他们对大旱惊恐万分，因此把这种感受化作了笔下的图案。

图 2-51　宗日文化太阳纹彩陶钵（马占庭供图）

彩陶在制作之初，为日常生活之用，绘上彩色纹饰有崇拜和装饰之用。但以今天的眼光来看，它们是不可多得的艺术珍品，通过它们，我们也能窥探到3000年前先民的精神世界。

太 阳

你升起便有了东方，
你落下便有了西方，
方向因你而生。
你熠熠当空即为白天，
你息息隐没则为黑夜，
明暗随你而行。
你炽阳高照即是盛夏，
你低沉悬空便是隆冬，
季节由你掌控。
春季万物复苏，
夏季争相竞艳，
秋季果实累累，
冬季冰雪连天。
乾坤因你而旋转。
芳草因你而枯荣更替，
棕熊因你而醒眠往复，
小鹿因你而驰骋旷原，
飞鸟在苍穹将你环绕。
人们对你顶礼膜拜，
因为你是万物之神，
你是温暖与希望的化身，
你是光明与力量的使者。

河湟寻古

一、松树遗址考察记

　　古人选址非常强调聚居地与自然环境的关系，自古就有四灵山诀"左青龙，右白虎，前朱雀，后玄武"，大致意思是居址要依山傍水，四季阳光可照。松树遗址地点就完全符合上述条件，可谓是风水宝地，北傍河水，西依大山，东望朝阳，南有沟谷，既有取水之便，又有交通之利。该地点被沟谷环绕，寒潮难以侵袭，地势平坦，也适于种植农作物，是先民煞费苦心选择的最佳地点。

　　考察组一行人上到台地，发现地表散落满地的陶片，只能挑选些有代表性的。根据陶片类型，推测该地人类活动集中在两个时期：马家窑类型（距今5300—4500年）和马厂类型（距今4300—4000年）。松树遗址这个风水宝地，先民在此居住足足有1000年。马家窑类型陶器用笔如神，一件陶片，三线末尾，笔锋显露，看来5000年前的先民已经能使用毛笔，至于何种毛笔，暂时难以查明。因为5000年前的笔经过风吹雨打，地下侵蚀，早已经融于大地，难以保存到现在，只能通过它留下的痕迹来猜测。再看两件陶器，黑彩上加有白彩，一件黑云涛中一线白，一件黑底白点绕成花，古人的构思实在巧妙。实际上，素陶也完全不影响使用，而花很大工夫在器表绘彩上，费时又费力，应该主要是为了追求美。人满足了衣食需求后，逐渐开始追求更高的精神需求，虽上下求索而不悔，却也是仓廪实而知礼节，衣食足而知美丑。古人用的颜料全是矿物质，黑彩是锰铁矿，从河中捡黑石，碾成粉末；白彩用的是方解石或石膏，而考察地点主要是第四纪的黄土与河流沉积物，并没有这两种矿物，需要到10余千米之外的地方获取。对于彩陶色彩的使用，黑彩早已被开发，白彩则仅见于马家窑文化晚期，距今 4500 年前后，有一个奇怪现象需要说明一下，白彩的使用时间非常短，其前期、后期的时代也未见使用，这是一个判断陶器时代的好法宝。随着时代进步，在距今 4500 年之后的半山时期，人们又在陶器上增加了一个新色彩——红色。奇怪的是，在松树遗址竟没有发现半山陶片的踪迹，半山去了哪里呢？

此次考察捡到的三片陶片也颇有说法。一是器壁陶片，上面一道道痕迹颇为明显，这是古人制陶时泥条盘筑造成的。二是器底陶片，仔细一看，上面竟有苈席纹，说明当时制陶完成后是放在草枝编成的席子上晾干的。既然能编织草席，应该就能编织衣物，所以当时的先民是穿衣服的，当然既可以穿布衣，也可以穿动物皮做的皮衣。三是穿孔的陶片，为什么穿孔呢？很可能是因为在使用中打破了，又舍不得扔，故打孔穿草绳，继续放粮食用。因为在当时制作一件陶器并非易事，画一件彩陶，更是耗费时日。

除了陶片，松树遗址还发现不少打制石器，而磨制石器可能早已被人拿走，仅留下了大家以为是破石头的石片（图 2-52）。在一个剖面上看到，马家窑时期陶片与石片共存，证明这些石片主要是马家窑时期的，说明该时期除了种植作物，狩猎也是不可或缺的。疑惑的是，这里沟谷狭窄，没

图 2-52　湟水河畔松树遗址的陶片与石器

有适合野生动物生存的广阔天地，他们去何处打猎呢？我们推测先民的活动范围可能较大，而不仅局限于小的沟谷。

出土文物中最为精彩的是一件石器，一侧呈锥状，一侧锋利有齿，既可以切，又可以割，还能钻，具有多种功能和用途，堪称一把距今5000年前的瑞士军刀。考察组翻山越岭，不断探索发现，可谓收获颇丰。

二、探访仍果岩画

拜读汤惠生老师的文章后，了解到贵德县仍果村附近有岩画。在河湟谷地能发现岩画，确实令人惊讶，因为以往发现的青海岩画多分布在青海湖盆地、共和盆地、青南高原、柴达木盆地，尚第一次听说河湟谷地内有岩画。这是什么时期的岩画呢？高原上的岩画见得不少，这特殊地域的岩画长什么样呢？此岩画与高原上的岩画有什么联系呢？考察组决定要现场探个究竟。我们到达仍果村后才知道村子其实很大，多拉河自北向南注入黄河，河口的村就叫仍果。仍果村的范围非常大，光凭一个村名找岩画所在地属实难上加难。组员们发挥野外观察山川地貌的优势，顺谷而上，探查岩画位置，偶然发现前方有一处地势开阔的台地，背靠缓坡，坡上还有零散的石块。不错！这里就是岩画的所在地。

下车顺坡而上，刚走几步就发现地上躺着一块光滑的岩石，背面刻画有岩画，线条已经不甚清晰，难以分辨刻画的是何物，但是隐隐约约可以分辨出有一只矫健的羚羊。后来在山坡众多的大岩石上又发现了一幅岩画，总体上发现数量很少，而在坡上同时也发现了一些卡约时期的夹砂红陶片。目光又转向东侧不远的山坡，也有不少石块，果不其然又发现了6块岩画，且又发现了卡约时期的红陶片。由于图案风化严重，大多已经模糊不清，野外初步判断其图案内容大概有羚羊、鹿、凹点、昆虫等（图2-53），还有两幅岩画我们推测似大象的长鼻及远古交配图。凹点在中原地区有分布，在高原上并不多见。岩画中未见高原上常见的牦牛图案，地域特点明显，鹿和羊的图案比较明确，这与历史记载的"河湟间少五谷，多禽兽，以射猎为事"比较吻合。更重要的是，这处岩画地点散布有不少卡约时期的陶片，该文化考古学年代为距今3600—2600年。以往高原的多处岩画，性质单一，伴生的遗迹不多，大多根据风蚀程度、暴露程度、岩画内容来断代，因此此处岩画与卡约时期陶片的组合显得非常难得，提示此处岩画的时期应为卡约文化时期，即距今 3000 年前后，这与汤惠生推断的岩画时期一致。目前基本可以确认的是，贵德多拉河峡谷内是距今 3000 年前羌人的狩猎场，应该分布有不少类似的岩画点。

图 2-53　仍果岩画

第三辑

江河汤汤

源头寻踪

一直以来，人们一致认为，青藏高原自然环境极为恶劣，是人类在此生存、活动的最大障碍。人类登上高原，只不过是最近几千年的事情。但最近的一些考古学发现，改变了这一传统的看法。早在16万年前中更新世晚期人类已经在高原边缘活动，这使得高原早期的人类活动备受关注，因为它涉及人类体质适应极端环境的极限问题。人类何时、从哪里登上高原的动力与机制又是什么？这一系列问题摆在了研究人员面前。

带着这些疑问，追寻先辈的脚步与踪迹，我们一行人踏上了通向青藏高原腹地的征途。我们一行人中，有来自首都师范大学博学而认真的副教授陈宥成，青海师范大学三位年轻又富有活力的博士研究生陈晓良、高靖易、金孙梅及笔者本人。我们追寻的是上万年前先辈的足迹，但这足迹早已被历史所掩埋。青藏高原是世界上最年轻、最有活力、生长最快的高原，高原的抬升使本应深埋地下的先民踪迹露出地表。石器时代古人制作的生产工具——石器就是我们寻找先民踪迹最好的方向标。因为石料容易获得、制作方便，因此古代先民迁移后，使用过的石器往往会遗弃在原地，虽历经数千万年的风吹雨打，却能完整地保存下来，直到几千万年后作为追随者的我们将它们捧起（图3-1）。

我们的第二个方向标来自脚下的河流。河流能为人类生产生活提供用水之便，其两侧往往成为古代先民赖以生存的家园，也是古代先民的天然通道。沿河上下，流动自如，古人有"君住长江头，我住长江尾，日日思君不见君，共饮一江水"的感慨，很好地诠释了先民依水而居的生活状态。当然我们要去的地方是大名鼎鼎的长江、黄河、澜沧江的发源地——三江源。长江全长约6300 km，在全球仅次于非洲的尼罗河和南美洲的亚马孙

图 3-1 青藏高原因侵蚀而暴露地表的石器

河，是世界第三长河；黄河全长约 5460 km，是世界第五长河；澜沧江是世界第六长河。长江、黄河分别是中国第一、第二长河，是中华民族的母亲河。长江在三江源地区的别名是通天河；澜沧江是一条国际性河流，同时也是东南亚的重要河流，因为河流太长，又流经不同地区，因此人们给它取了不同的名字，在三江源地区，澜沧江的别名是扎曲。

三江源孕育着大江大河大气势，我们的调查是从通天河两岸开始的。通天河很宽，看似平静，但一个个漩涡裹挟着凶险。两岸峡谷陡立，岸边的砂石路坑坑洼洼，最可怕的是蜿蜒在悬崖峭壁上的挂壁公路，我们叫它"鬼门关"。路极狭窄，一车勉强通过，没有任何防护措施，而且多上下坡，还有一个大转弯；行驶其上，一边狂摁喇叭，暗自祈祷对面不要有车驶来，一边死死盯着狭窄坑洼的路，眼睛不自觉地朝左手边稍稍一瞥，滔滔江水，万丈悬崖，阵阵寒气沿山壁直冲而上……稍有差池，必将万劫不复，但我们就这么坚定地一步步挪了过来（图 3-2）。

图 3-2　通天河绝壁"鬼门关"

　　野外调查经历让我们训练成了看地形地貌、观山川河流的"高手"。在通天河两岸的调查中,我们发现这里古遗址的丰富程度远超我们的想象,这说明很久以前就有先民在通天河两岸繁衍生息。一次在通天河北岸进行调查,下车观察路况时,一抬头发现路边的岩石上竟有岩画,刻画有牦牛等动物图案(图 3-3)。牦牛是高原最常见的动物之一,在青藏高原各地岩画中也是最为普通的岩画题材。但是在这幅岩画下部竟然绘有一部车,双轮突出,车辐也能看得出来,双轮中间托着方形车厢,并被两只动物所牵引。车在岩画中比较少见,在青海省天峻县的鲁茫沟岩画中也有车的形象,两地虽远隔千里,但是车的形象大体相同,两个大大的带辐的车轮,两处岩画都似两匹马在拉车(图 3-4)。鲁茫沟岩画被认定为是春秋战国时期刻画,且马车可能是战车。战车流行于春秋战国时期及以前的中国北方,是重要的作战武器。但到了战国时期,战车较为笨重,作战不够灵活,经过赵国赵武灵王胡服骑射的改革,灵活机动的战马坐骑代替了笨重的战车,战车逐渐退出历史舞台,但在民间仍然作为交通工具一直使用到上世纪 80 年代。由于通天河岩画似乎有藏文符号,而藏文最早始于唐代,刻画风格与鲁茫沟岩画类似,因此推测,通天河岩画年代应该在春秋战国时期至唐代之间。

　　当然调查岩画只是我们的"副业",时代更久远的石器才是我们调查的重点。石器可以说是人类使用时间最长的一种工具，使用时间达数百万年之久。由于使用时间长，石器的形制也呈现复杂多样性。石器按照制作工艺大体上可分为打制石器和磨制石器，打制石器从人类制作工具之初，一直到磨制石器出现前都在使用，这个时代被称为旧石器时代。伴随农业与定居生活方式的诞生，出现了磨制石器，人类也就进入了新石器时代，新石器时代大概有近万年的历史。如果把人类社会的发展历史比作一本600页厚的书，那么前599页都是旧石器时代，只有最后1页是新石器时代，有文字的文明社会则只有最后的半页，人类进入工业革命以后则只是最后

图3-3　通天河畔的岩画

图3-4　通天河畔（左）与鲁茫沟（右）岩画中的车

几行字。虽然人类社会经历了漫长的旧石器时代,但由于时间过于久远,再加上没有文字记录,所以对那段历史的认知极为模糊,只能靠这些遗留的石器来推测。学者根据石器的发展演变特征,把旧石器按照制作工艺又分为五个模式,对应前后衔接的发展阶段(图3-5)。

模式1:砍砸器和石片,繁荣于旧石器时代早期,时间为距今330万—20万年;

模式2:两面加工的手斧和薄刃斧,繁荣于旧石器时代早期,时间为距今170万—20万年;

模式3:预制石核上剥下石片制作的石片工具,繁荣于旧石器时代中期,时间为距今20万—5万年;

模式4:石叶,繁荣于旧石器时代晚期前段,时间为距今5万—3万年;

模式5:细石叶,繁荣于旧石器时代晚期后段,时间为距今3万—1万年。

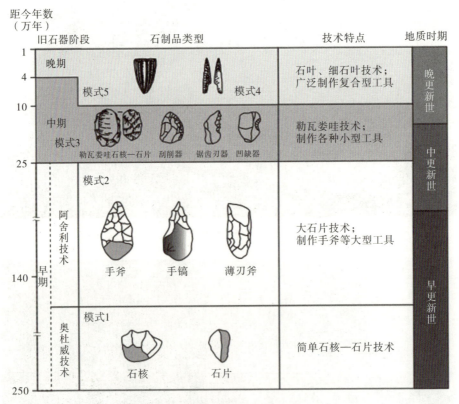

图3-5 旧石器技术演化模式(李浩,2019)

当然这仅仅是学者们提出的石器发展模式，实际情况则要复杂得多，而且不同地区的差异也很大。如前文所说，比如人们已经到了电气时代，但不排除一些偏远地区仍然使用马车来载客。当然这种模式也是很有意义的，它大体给出了一个发展演变框架，比如影视剧中男子梳长辫，穿马褂，那应该是清代的；而身着喇叭裤，手拿录音机，那应该是改革开放初期。当然不排除 21 世纪仍有些人喜欢穿喇叭裤，这就是事物的普遍性与特殊性的问题了。我们只是用模式来做大体的推测。

考察组在通天河发现的不少打制石器遗存（图 3-6），就存在这种普遍性和特殊性的问题。比如在通天河畔发现一件打制较好的石核（图 3-7），按照石器发展模式推测，应该属于模式 1，流行时间大约是早更新世（78 万年前）。但是这件石核发现于通天河二级河流阶地上，二级阶地形成的时间应该不会太早，这是因为河流发育有一个溯源侵蚀的过程，即河流随着时间流逝，自身侵蚀能力不断增强，不断向源头侵蚀的过程。再加上高原自身抬升速度很快，导致高原河流下切侵蚀迅速，河流低级阶地不应

图 3-6　考察组在野外研究采集的石器

图 3-7　通天河流域发现的石核

该有数十万年的历史，因为数十万年前河流还未侵蚀到这个地区，还没有形成河流阶地。因此地貌证据和石器模式之间就发生了矛盾，二者不相匹配。在考古学中有个原则叫时间最晚原则，即老物件可以在新地层中，但老地层里不能有新物件。打个比方，宋徽宗能看到《清明上河图》，但是秦始皇看不到这幅画，因为《清明上河图》创作于宋代，不可能穿越到比它早的秦代。按照时间最晚原则，这件石核的年代应该不早于通天河二级河流阶地的年代，有学者研究认为，通天河二级河流阶地形成年代为距今7000—8000年前，那么这件石核年代就是距今7000—8000年前了。但是通天河流域有研究表明，7000—8000年前已经开始进入细石器狩猎采集时代，也就是模式5，怎么会有模式1的技术？这个扑朔迷离的问题，让人百思不得其解，事实也证明了高原腹地三江源地区的石器时代并没有我们想象中简单，其真实过程可能相当复杂。正是这样一个接一个的困惑和问题，"引得无数人竞折腰"，这就是考古学的魅力所在。

　　澜沧江是一条国际性河流，因为只流经我国青海、西藏、云南，在境外流经东南亚的很多国家，所以大家关注不多，但对于我们考察组来说，去澜沧江流域的调查是必不可少的。到了澜沧江流域，经多方打听后得知当地岩溶地貌发育良多，有不少溶洞。这些溶洞可能是数千万年前青藏高原未隆升前或者隆升高度较低时形成的，当时环境非常潮湿，降水量充沛，在流水作用下，石灰岩地区发育的岩溶地貌，也是高原不断隆升的证据。这里是青藏高原相对较温暖湿润的地区，又有不少溶洞，这些溶洞就成了古人栖息的天然住所。这让我们对澜沧江流域的古人类活动有了美好的憧憬。

　　第二天一大早，我们迫不及待地带上向导，开始向溶洞出发。这些溶洞大多在高山之上。到达第一个溶洞所在地点后，站在山脚下看山顶的洞口，我们信心满满，直觉告诉我们溶洞中应该有许多古人类使用的石器，决心爬上去探个究竟。我们几人怀着激动的心情开始爬山，山势很陡，在攀爬途中发现山坡上还有零碎的陶片，这更坚定了我们的判断，上面定会有重大收获。长满荆棘与萱麻的山坡并没有阻挡我们的脚步，大家一鼓作气爬到了洞口。遗憾的是，洞已经被当地僧侣建成了修炼地，洞的确不小，有家具等陈设其中，地上也铺了砖和毯子。由于洞口安装了门，上了锁，无法进入，又加之后期人为破坏较严重，考察组只能另寻他处进行新的调查。

下了山，马不停蹄奔赴下个地点。向导说这一处是当年格萨尔王的藏兵洞，据说洞里早年发现过箭头、铠甲等，也是这个地区数一数二的大溶洞。听向导这么一说，我们还是心生希望。格萨尔王的藏兵洞位于澜沧江支流峡谷的半山腰里，洞口很大，坡上植被丰富，攀爬有一定的难度（图3-8）。到了溶洞所在地点后发现进洞必须要攀爬过两层楼高且陡立的光滑岩石，在当地百姓的帮助下身手矫捷的陈晓良和向导入洞了。晓良回来后陈述：此洞非常大，里面有不少土垒筑的建筑遗存，有少量陶片，洞内堆土也很厚，有不少鸟粪。由此可判断先民以前确实在此居住过，因为地势过于险要，只有鸟类能随便进出，现在也就成了鸟的栖息地。此次调查也未发现我们想找的石器等古人类遗迹，两次调查都没有达到目的，虽然有些许失落，但也并不影响我们继续在澜沧江流域调查的积极性。

接下来的几天，我们继续在澜沧江两岸展开调查，但是收获依然不多，大家多少有些失望与消沉。野外考察也像行军打仗，士气低落如何战斗，当晚大家商量后，决定离开澜沧江流域，转战其他地区。

图3-8 考察格萨尔王的藏兵洞

第二天，天高云淡，正是赶路的好时机，大家开始踏上告别澜沧江的行程。在与澜沧江平行的路上沿江而上，就在即将与澜沧江分道扬镳的一刹那，我们看到江边有处河流阶地地势较为开阔、平缓，车已经驶出一段距离，经过一番思想斗争后，大家一致决定掉转车头，抱着试一试的心态前去查看。下车后，首先观察地形、地貌，发现这是二级和三级河流阶地，二级阶地宽于 200 m，南北延绵数千米（图 3-9）。于是大家开始分工调查，陈宥成与两位小伙子上三级阶地，我和金孙梅在二级阶地。刚进入调查区不到 5 分钟，我和金孙梅就发现了石器。再往前走几步，只要捡起一块石

图 3-9　澜沧江边石器地点

器就有明显的打制"疤痕",地面似乎全是石器。我在野外还从未见过如此多的石器,不禁感叹这里真是石器的海洋,也是石器的宝库!和三级阶地的三人取得联系,得知三级阶地没有发现石器,三人赶至二级阶地后也被眼前的石器海洋所震撼了。经过一天的调查,我们发现这里是一处面积达数万平方米的大型石器打制场地,石器数量非常多,均为打制石器,主要是模式1的石器(图3-10),不见其他模式石器,而且石器类型丰富多样。从石器类型的多样性来看,这处遗址的使用时间可能跨度较大,从早到晚跨越好几个时期,对该地区石器的进一步研究,我们尚在分析、整理之中。

图3-10　澜沧江畔发现的石器

三江源真是一片神奇的土地,它不仅仅是自然的宝库,还是人类历史的宝殿,对它的科学认识可谓意义重大。当然,它带给你喜悦,也带给你忧伤;它带给你明朗,也带给你迷茫,但是它从不会让你失望!

江源如尋

长江，发源于青藏高原的唐古拉山脉各拉丹冬峰西南侧，从源头至入海口，不同河段的名称不同，源头一段称为沱沱河，玉树段称为通天河，横断山区—云贵高原段称为金沙江，流经四川盆地的一段称为川江，而进入我国第三阶梯平原后称为扬子江。一条河流的不同地段有不同的名称，是一件非常有趣的事，也说明长江流经的地域很广，地貌类型复杂多样，区域差异很大。

长江也是中华民族的母亲河，是东亚地区最早国家型生态文明的诞生地，下游有举世瞩目的良渚文化，距今有5000余年的历史。扬子江段有石家河文化，川江则哺育了备受关注的三星堆文化，因此长江享有"中华民族母亲河"的美誉。

从古至今，人们对长江源头的探索从未停止，但对其认识，一直存在着争论，其中影响最大的当属岷江江源论。《尚书·禹贡》是我国早期的一本著名地理著作，成书于战国时期，距今已有2000余年的历史。其中记载有"岷山导江"，是说大禹治理长江时曾经在岷山一带进行疏导。这里面暗含一种说法，即长江发源于岷山，也就是说长江的源头是岷江，由于《尚书·禹贡》是儒家经典著作，故这种说法一直延续到后世。北魏郦道元的《水经注》中也支持这种看法，后世唐代杜佑的《通典》、宋代的官方著作《宋史·河渠志》、元代的官方著作《大元一统志》，甚至明代与清代的部分著作中都认为岷江是长江之源（中国科学院自然科学史研究所地学史组主编，1984）。

汉代对于长江源头的认识产生了另外一种看法，认为金沙江是长江的源头。据《汉书·地理志》记载："遂久，绳水出徼外，东至僰道入江。"

其中的古地名"遂久"指今天的云南省永胜县一带，"绳水"指金沙江，"徼外"指青藏高原，"僰道"指今天的四川省宜宾市。该书很清楚地记载了金沙江来自青藏高原，向东在宜宾流入长江（王红，2004）。这种观点显然又向正确的认识迈进了一步，今天我们知道岷江是长江的一条支流，而且是长江径流量最大的支流，川江往上游走是金沙江，但金沙江并不是长江源头，中间还隔着通天河与沱沱河。虽然这种认识还不完全，但显然较把岷江作为江源有了长足的进步，反映出当时人们对中国西南地区认知水平的提高，使得中原人有机会、有能力对江源有较为客观和科学的认识。这与秦汉时期，政府开拓边疆，将金沙江流域纳入版图，开始设置郡县有直接的关系，金沙江流域因此与中央王朝有了更密切的联系。尽管有了这种较为进步的认识，但是由于《尚书·禹贡》影响巨大，导致金沙江江源论并未产生很大的影响，也并未完全替代岷江江源论。

到了隋唐时期，关于江源的认识又有了金沙江之上还有通天河的说法，即通天河江源论。据唐代樊绰《蛮书》的记载："磨些江源出吐蕃中节度西共笼川牦牛石下，故谓之牦牛河。环绕弄视川，南流过铁桥上下磨些部落，即谓之磨些江。至寻传与东泸水合，东北过会同川，总名泸水。蜀忠武侯诸葛亮伐南蛮，五月渡泸水处，在弄栋城北，今谓之南泸。两岸葭，大如臂胫。川中气候常热，虽至冬，行过者皆袒衣流汗。又东北入戎州界为马湖，至关边县门，与朱提江合，流戎门南城入外江。"磨些大致与云南摩梭部有关，是古代的部族称谓，磨些江是金沙江云南段，牦牛河是金沙江上游的通天河，泸水是金沙江的下游段，马湖江为长江的宜宾段，外江则为岷江。根据这段文字可知，唐代已知晓金沙江出自青藏高原的吐蕃地区，金沙江之上就是通天河，并且也知道金沙江与岷江是贯通的关系，对西南地区长江水系已经有较为明确的认识，并且将这种认识推向了新高度，知道江源是吐蕃地区的青藏高原。显然这与大唐国力强盛、国家高度统一、地域面积较为广阔，并与地处高原的吐谷浑、吐蕃部长期密切的经贸往来、人员交流有关。这使得唐代的古人已经对江源和西南水系结构有了较为清晰的认识。虽然通天河江源论已经提出，但是受"崇古""尊古"思想的影响，岷江江源论仍被视为主流观点，其他论派并未受到足够的重视，也未被世人所接受。这也是我国古文献中首次对通天河和金沙江水系关系的较为正确和完整的记载，视角较为宏大，记载较为翔实准确，认识程度有了长足的进步，对江源认识的准确性又有了提高，这种认识在宋代成图的《禹迹图》中也有体现（图3-11）。

图3-11 宋代《禹迹图》中关于江源的绘制——岷江与金沙江并重

公元1382年，明太祖朱元璋命令高僧去西域求取佛经，高僧对其所经沿线地理状况做了记录："河源出自抹必力赤巴山，番人呼黄河为抹处，牦牛河为必力处。赤巴者，分界也，其山西南所出水则流入牦牛河，东北所出之水是为河源。"由于高僧亲赴江源考察，又加之许多地理知识来自当地居民，故这段文字的记录是比较准确的。根据记录得知，江源分布在赤巴以南，记录中还明确指出黄河源头分布赤巴东北。赤巴是个分水岭，即现今的巴颜喀拉山，牦牛河就是唐代所记录的犁牛河。自唐代以来，人们对江源的认识已经较为接近事实，但是由于缺乏系统科学的考察与测绘等手段，多是根据沿途经过或道听途说，使得整体认识仍较为模糊，某些地名也有很大差异，不相统一。明代大地理学家徐霞客在当时对西南水系进行了较为系统的实地考察，而且得出了较为系统科学的结论。他在专门论述江源的专著《溯江纪源》中明确提出，"故推江源者，必当以金沙为首"，即长江源头不是延续数千年的主流观点岷江论，而是金沙江，"非岷是金"的理由是"岷江经成都至叙（宜宾），不及千里；金沙江经丽江，云南乌蒙至叙，共二千余里"，即岷江至宜宾只有不到千里，而金沙江到宜宾已经2000多里，从长度上看，金沙江比岷江要长得多。徐霞客不愧是地理学家，不仅有清醒的认识，而且用较为可靠的河流长度数据来说话。他采用的河流源头的判断方法，与今天地理学家的判断方法毫无二致，只是今天的地理学家有了更多的测量手段与技术而已。徐霞客判断河流源头的方法可以归纳为：流量唯大、源头唯远。也就是说，河流哪个流量大，哪个就是源头；哪个长度长，哪个就是源头。准确的判断依据，再加之较为翔实的数据，可以得出较为准确的结论。因此徐霞客对权威经典《尚书·禹贡》中的岷江江源论提出了挑战，并有专门论著来论证自己的观点。他通过多年的实地考察，第一次比较科学、系统地阐述了长江源头问题，虽然距离真正的长江源头还有一定的差距，但在当时的科学技术和社会条件下，能对传统、主流观点提出重大修正，已经很了不起了。金沙江江源论经过他的系统论述，影响扩大，传播广泛，这也意味着在明代人们基本摒弃了岷江江源论的观点，接受了金沙江江源论。虽然金沙江江源论在汉代已经开始出现，但是一直未受到人们重视，人们轻信权威与经典，"尊古""崇古"的思想可谓是根深蒂固，难以更改。若非有大量的实地考察，真实可信的数据，正确的原则与方法，徐霞客也难以改变这一传统认识。因此从这个意义上说，徐霞客是一个勇于挑战传统，勇于创新的人，这种探索精神，到现在对我们仍有启示。

清代对江源问题进行了再次探索。康熙年间，康熙帝派人员实地考察与测量了江源水系，大致确定在木鲁乌苏河上游，认为是"江源如寻，分散甚阔"，面对分散的江源水系，很难进行具体考察。乾隆年间，齐召南在《水道提纲》中肯定江源在木鲁乌苏河的基础上，描述其上源为"托克托"（即今沱沱河）。这一论述非常接近今天对长江源头的认识，也说明到了清代，人们基本上已经认识到江源在高耸的青藏高原腹地。该认识虽有一定的进步，但是还处于"江源如寻，分散甚阔"的模糊认识上，难以把握真正的源头。

到了上世纪70年代，教科书中还认为长江与黄河均发源于巴颜喀拉山，长江在南，黄河在北。1976年长江水利委员会和其他单位，发起了对长江源头的综合考察，并于1978年对外公布考察结果，确定了沱沱河为长江正源，楚玛尔河为北源，当曲为南源。新华社宣称，长江的源头不在巴颜喀拉山南麓，而是在唐古拉山脉各拉丹冬雪山西南侧的沱沱河，长江的全长不止5800 km，而是约6300 km，比美国的密西西比河还要长，仅次于非洲的尼罗河与南美洲的亚马孙河（图3-12，图3-13）。

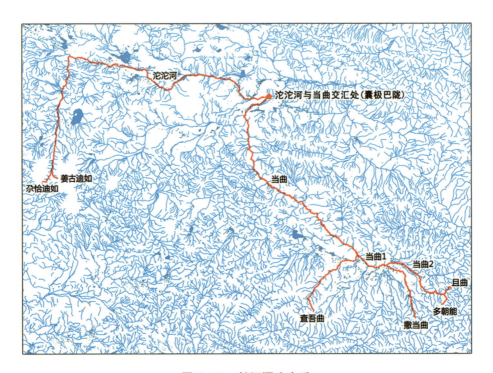

图3-12　长江源头水系

第三辑　江河汤汤

图3-13　各拉丹冬雪山

大河上下

一、黄河源头的"皇"字石刻

青藏高原的自然环境具有特殊性和极端性特征,环境恶劣,一般认为这里人迹罕至,人类活动较弱。但近年来的调查与研究发现,青藏高原人类活动历史悠久,长期沉淀的人类活动在青海也保留有不少的文物遗迹,这些文物遗迹也是丰富多彩的人文资源的重要组成部分。

2020年7月5日,青海师范大学高原科学与可持续发展研究院团队,在三江源国家公园黄河源区扎陵湖畔野外考察中,发现自然岩石上刻有文字。字体为秦小篆体,笔法劲道有力。刻有文字的岩块长约1.5 m,高约0.5 m,原岩块很大,但因自然或人为破坏,上部已经缺失,现只保留下半部分。下半部分现存数十个文字,一些已经不甚清晰,一些尚能辨识(图3-14,3-15),经初步辨识,从右往左,能识别的字依次为:

```
皇帝(?)
大
大        乐
翳
          己卯车到
百
里
```

图 3-14　扎陵湖畔"皇"字石刻

图 3-15　扎陵湖畔"皇"字石刻周围地形

根据其风化程度与字体风格来看，这是一处古代字刻遗存，但未见相关的记录，故推测该石刻可能与以下历史事件相关：

公元641年（唐太宗贞观十五年），文成公主进藏，松赞干布率部在柏海相迎。"柏海"通"白海"，扎陵湖藏语意思为白色的湖，因其水体较浅，湖呈白色。也就是说从地点来看，松赞干布是在扎陵湖迎接文成公主的，迎接地点与石刻相吻合，但唐代一般流行楷体，很少使用仿古的小篆。

公元1280年（元世祖至元十七年），元世祖命荣禄公都实为招讨使，佩金虎符，往求河源。历时4个月，考察了扎陵湖与鄂陵湖（时称两巨泽），并上溯到星宿海。返回后，世人根据考察结果，撰写了《河源志》附在《元史》中。

公元1704年（清康熙四十三年），康熙帝命侍卫拉锡、舒兰等去青海视察河源。六月初七到达鄂陵湖，初八到达扎陵湖，初九到达星宿海，并做了详细考察与记录，完成了《河源记》，明确记录"鄂陵湖""扎陵湖"两湖的名称。

公元1708年（清康熙四十七年），康熙帝派遣欧洲人瑞基斯赴河源测量，以便绘制《大清一统图》。

公元1717年（清康熙五十六年），康熙帝派遣理蕃院主事胜住等，前往河源考察，次年完成《大清一统图》（又名《皇舆全览图》）。

公元1782年（清乾隆四十七年），因黄河下游洪涝，乾隆帝派遣阿弥达"穷河源祭河神"，后根据勘察结果，绘制了《河源图》。

根据上述历史事件得知，与两湖有关的事件主要集中在唐代、元代与清代，以清代最为频繁。此外，元代与清代对河源的探索主要集中在完成地图的绘制及祭祀河神以护佑百姓平安两方面，这是摸清家底、管理国土与护佑百姓的需要。探讨该石刻的来源，清政府组织河源考察的可能性较大，一是因为清政府重视对河源的考察与管理，这可以从考察次数得知；其次，元代、清代盛行仿古风，用篆体字较多，从石刻可以看出，字体劲道有力，说明石刻人员有较高的文化素养。

当然也不排除是民间人员来河源时留下的作品，但是考虑到扎陵湖作为黄河源头地区，海拔在4300 m左右，高寒缺氧，自然条件非常恶劣，在古代依靠个人力量很难到达河源，因为想要到达河源，必须有完善的后勤保障、车马队伍，以及当地的向导、组织有力的团队，非个人之力所能完成。

根据石刻的纪年"己卯"，古代满足以上条件的年份有公元1879、1819、1759、1699、1279、679、619年等几个年份，以上年份中最接近的是公元1280年（元世祖至元十七年），故也不排除该石刻可能是元代遗存。

黄河是中华民族的母亲河，黄河的源头自古以来备受中华儿女的关注。唐代诗人李白就曾写道"黄河之水天上来，奔流到海不复回"，发出了对黄河之水来源的感叹。但在那个时代，人们受限于科学技术，还无法准确回答黄河之水的真正源头。随着视野的不断扩大，到了元代，世人已经能比较准确地把黄河源头追溯至两湖一带，认识的不断精准，反映了一个国家和民族科学认识水平的不断提高。此外，对河源的探索多集中在盛世或国家大一统时代，因为只有国家力量强大，才能顾及人迹罕至之地，也才能实现对国土疆域的有效管理与治理，这也是某个政权治理国家水平的体现。

二、黄河的龙摆尾

黄河，全长5464 km，发源于青藏高原巴颜喀拉山北麓的约古宗列盆地，在青海省内的黄河贵德段属于上游，水量大，水质清澈，可谓是清清黄河水（图3-16），可见黄河并非是天生呈现黄色的。

黄河流经了世界上黄土覆盖面积最大的黄土高原后，因为汇入了大量黄色泥沙，河水便呈现黄色，故名黄河，是世界含沙量最大的河（图3-17）。人类早期文明多是大河文明，黄河流经的地方大多是暖温带，下游又带去大量泥沙沉积，形成了华北平原。毫无疑问，黄河是孕育了人类文明的河流之一。

全新世大暖期，黄河下游并不适合人类生存。由于地势平坦，水流缓慢，当时是一片泽国，人类很难找到生存之地，故黄帝等早期部落更可能活动在关中平原或黄土高原等地势稍高的地方，不可能在不适合人类生存的黄河下游活动。

4000年前由于极端降水增加，黄河水患四起。《山海经》中提到当时洪水滔天，大禹承担了治理洪水的重任。他为治理洪水兢兢业业，三过

图 3-16　天下黄河贵德清

图 3-17　黄河穿流于黄土高原

家门而不入，成为天下"顾大家舍小家"的典范，也是东方文化强调集体主义的开始。大禹在治水中也聚集了权力，有了公共组织和军队，创立了中国第一个朝代。这虽然是传说，但对其真实性，国人几乎没有怀疑；反对者主要来自西方，因为按照西方的标准，中国能称得上文明的社会起自商代，但是按照司马迁的说法，中华文明肇始于黄帝。但无论怎样，中华文明难与黄河脱离关系，黄河里流淌的是中华文明。

黄河独一无二的高泥沙含量，形成了震惊世界的下游大游荡布局，这就是谈虎色变的"龙摆尾"，即黄河本无一条固定不变的河道，总是摇摆不定。其摇摆幅度北到天津，南到淮河（图3-18），如果按照今天的人口计算，龙摆尾所经过的区域涉及3~5亿人口。

图3-18　龙摆尾

龙摆尾最危险的地段在郑州—开封段，这是黄河最脆弱处，是万里长龙的命门，研究显示，过去的4000年里，黄河在开封决堤过84次。

开封是八朝古都，中华文明的重要节点，《清明上河图》描述了它的繁花似锦，它的万种风情。在宋代时此地已经有百万人口，是当时世界上最大的城市，是古代城市文明的终极体现（图3-19）。

这样一座繁华无比的城市，却也经历过种种磨难，其中不乏来自上天的考验，而有些却是人为造成的。第一次人祸发生在纷乱的战国时期，嬴政22年，秦国名将王贲，攻打到魏国国都大梁城下，无奈大梁城池坚固，城内粮草又充足，秦军久攻不下。于是王贲命军士于大梁城西北开渠，引黄河之水，筑堤壅其下流。时值初春，正是春汛时节，秦军冒雨兴工，王贲亲自催督，渠成，雨一连十日不止，水势愈发浩大，决堤通沟，洪水泛滥，大梁城顿成泽国，秦兵乘势而入，大梁告破。大梁，即今开封，地处黄河之滨，是因黄河决堤而被埋葬的第一个城市，在今天地面下数十米。第二次人为破坏来自日寇的逼迫，国民党军队在郑州花园口扒开河堤，洪水阻滞了日寇的步伐，巨浪也吞噬了数十万百姓的性命。

图 3-19 《清明上河图》（局部）

　　开封府大名鼎鼎，可惜这是在原址上修建的仿古建筑（图 3-20），真正的开封府已经静静地深埋在地下，由于被黄河水所淹，将来或许有一天，历史上的开封府能重现天日。

　　黄河在开封黑岗口段河面海拔 64 m，黄河的下游开封段，水面开阔，几乎一眼望不到边，水色深黄，以至于有戏言称生活在东亚的人都被染成了黄皮肤。开封市中心龙亭处海拔 47 m，黄河水面高出市区有 10 m 左右。

　　研究表明，在漫长的历史时期黄河水患愈来愈严重，清代时引起了清政府的高度重视。康熙帝曾亲自督战黄河治理，可怕的水兽便低下了桀骜不驯的头颅。中华人民共和国成立后，黄河水兽虽跃跃欲试，几欲反扑，但终未成势，成为令人胆寒的黄河水患最为平静的时期。

　　今天的开封市比以往更美丽，人来人往，车水马龙，似乎忘记了北边不远处有头困兽随时可能会发作。但经过历代的整治，黄河水涨堤高，黄河大堤也逐步人为抬高，成为中央集权与组织能力的重要体现。中央集权组织强大，大堤不断被加固维修（图 3-21）；政府组织涣散，国力不济时，

图 3-20　现今仿建的开封府

图 3-21　黄河开封段大堤

大堤疏于修护，更可能被人为破坏。黄河大堤便成为了检验黄河儿女力量的成绩单，不得不说，今天的黄河大堤令人叹为观止。

今天的黄河大堤比以往更高大、更牢固、更坚实，但也更锋利，它是悬在中华民族头顶的一把剑，时时有挥剑之险，因为黄河水兽本性是放荡不羁，不受约束的。如今我们束缚其手脚，困顿其筋骨，所以我们务必要正视它的本性，做到随机应变。纵观历史，这种束缚其手脚的做法持续了4000年，从大禹时代就开始，我们该如何尊其天性，用其天利，避其天祸呢？显然大堤不可能越修越高，最后高到天上。

有时会觉得，人类闯入了自然的世界，又按自己的意愿把自然世界弄得一团糟，凡是利于我们的就是好的，与我们有异的，就想要去改变它。今天的自然已被人类活动弄得面目全非，地球已经完全按照人类的意愿在改变，但问题是人类自己都不清楚该走向哪里，因为我们不知道终点，也许天空是人类最终的归宿。科技发展日新月异，或许有一天我们能在太空造一个仿真地球，我们把地球让给原本属于它们的自然，而去开辟一个全新的世界，让自然重新成为不受人类所束缚和干扰的存在。

第三辑　江河汤汤

家园——青海湖

一、青海湖的早期人类活动与发现

青海湖以中国最美的、最大的湖泊而闻名于世，它位于青藏高原东北部。这里盛行西风，来自新疆和柴达木盆地的风沙，因青海湖巨大的水体而凝固，大大降低了该区域的风沙活动，真可谓是这个区域的定海神针，有力地保障了西宁及河湟谷地的丰饶。对于区域轮廓像一只玉兔的青海来说，青海湖犹如兔子的眼睛，灵动有神。

对于青藏高原的人类来说，青海湖称得上是真正的圣湖。因为这里发现了目前青藏高原最早的、最确切的人类活动证据。21世纪初，科学家在青海湖江西沟附近的河流出山口处发现了一处人类遗址（图3-22），该遗址暴露在黄土崖壁上，在距离地面约2 m处发现了用石块堆砌成的火塘，火塘中发现了炭屑、动物碎骨及打制石器（图3-23，图3-24）。千万不要小看这些黑黑的小炭屑，它们可是进行科学测年的良好介质，通过测年可以比较准确地测得这个火塘的具体年代。测年结果显示，这个火塘的年代为距今14700年前的人类活动遗迹。这个发现一经公布，就轰动了科学界。因为青藏高原的自然环境极其恶劣，被称为"世界屋脊"，平均海拔在4400 m，是全球最高的高原。随着海拔升高，氧压力降低，例如在海拔4270 m处，氧压力仅为海平面的58%，对人体而言将导致明显的缺氧。这里气候寒冷干燥且多变，辐射强，是全球环境极端严酷的地区之一，要知道距今1.4万年前的青藏高原，处在科学界所说的末次冰消期。大概说来，距今1.8万年前，是距离我们最近的一次冰河时期，是最寒冷的阶段，距今1.6万年前冰河逐渐消退，但距今1.4万年前还处于冰河时期，只是处于冰河时期消退阶段，当时青藏高原的自然环境比现在要严酷得多。自然环境如此恶劣、如此极端的高原，在冰期消退期，人类就拉开了向世界最高高原进军的大幕。该遗迹规模不大，仅限于面积不大的火塘，说明最初进入高原者是数量有限的一群狩猎采集者，据推测该处遗迹的活动人数不超过10人。较薄的堆积，说明他们处于高度的迁徙状态，并没有形成固定的定居点。推测这群征服者可能在这里度过两三天时间，随即前往他处。而距今1.4万年前的人类尚处于旧石器时代晚期，生产力水平较为低下，该区域人类活动竟如此之早，大大出乎预料，也让人无限感慨，无限惊叹！

青海湖区域在距今9000—6000年的气候比现在要好，气温比现在高3℃~5℃，降水量高出100 mm左右。较佳的水热组合及较好的草原覆盖，为细石器狩猎者提供了充足的食物来源。该时期是出土石器工具、动物碎骨最多的时期，说明青海湖区域狩猎采集活动在这段时期最为活跃，经鉴定这些动物碎骨主要是斑羚、鹿、羊。在刚察沙柳河遗址中发现较多青海湖湟鱼骨，说明当时先民也曾捕捉湟鱼；黑马河遗址中发现了碎的蛋壳，说明当时先民曾经食用鸟蛋；拉乙亥遗址也发现有环颈雉、兔子、旱獭，甚至还有现在人们所不屑的鼠兔，说明尽管当时自然环境较好，但是，由于人类社会自身生产力所限，当时人类的生活水平比较低，主要以捕猎中小型哺乳动物为生。先民尽最大努力获取生活环境中可以获得的一切资源，

图3-22　青海湖江西沟遗址

图 3-23　青藏高原目前发现的较早的人类遗迹——江西沟人类遗迹（火塘）

图 3-24　江西沟遗址出土的打制石器

连动物骨骼都要敲碎，吸食其中的骨髓，因此留下了大量的碎骨。

在江西沟2号遗迹剖面中有更令人惊奇的发现：在地层75 cm处发现一块指甲盖大小的陶片，地层75 cm以下不见陶片出土，地层75 cm以上至地表连续出土陶片。不要小看这块不起眼的陶片，它的出现在当时具有划时代的意义，如同电脑与网络的出现标志着人类社会进入信息时代一样，发明、使用陶器被公认为是文明发展的重要标志。它是利用天然物质，按照人类的思维创造出的具有划时代意义的人工制品。这块小陶片是提示青藏高原先民告别旧石器时代，迈入新石器时代的重要物证。当时人类的活动模式可能发生了较大改变，摆脱了纯粹依赖捕捉猎物的狩猎模式，开始煮食粮食，同时陶器的烹煮功能可以帮助人类获得热量，抵御高原的严寒。由于狩猎决定了人类活动要采取以动物行踪为目标的长距离、游荡式行为模式，而植物性食物则可以为人类提供稳定的食物来源。狩猎者居无定所、频繁迁移的生活模式被打破，人类可以在高原实现半定居，粮食也可以储存，对于保障顺利过冬，更好地适应高原环境，保证可持续发展，意义重大。

在此处进行年代测定，发现有约7000年的历史。这也说明了青藏高原的人类社会进入新石器时代大约在距今7000年前后。仔细观察发现，这块陶片长1.2 cm、宽1 cm、厚0.4 cm，为砖红色泥质细陶（图3-25）。让人惊奇的是，青藏高原发现的陶片，并非我们想象的制作技术原始、制作工艺落后，反而制陶技术较成熟，已经摆脱了原始制陶技术的特征。陶色内外均一、纯正、素面磨光，进一步分析该陶片的颜色、质地、硬度等特征，发现其与仰韶文化早期陶器相符。我们知道距今7000年左右，黄土高原的仰韶文化开始兴起，并沿着渭河、洮河、黄河上游主干道逐渐向西，向更高海拔的青藏高原扩张。仰韶文化以发达的制陶技术及粟、黍种植为特征，是典型的新石器文化。该发现揭示了青藏高原的旧石器文化受黄土高原新石器文化的影响，早期高原狩猎者学习制作陶器、消费粮食等新技术，极大地推动了高原人类社会的历史进程。也就是在距今7000—6000年，来自黄土高原的新石器文化群体成规模地向高原迁徙，推动了高原向新石器时代文化迈进，而这一进程与基因及语言学的研究都不谋而合。基因研究表明，目前藏族与汉族基因相似程度极高，二者分流的时间在距今7000—6000年；而藏语与汉语同属汉藏语系，两种语言有共同的渊源，二者分化的时间大致也在这个时期。

欧洲的相关研究表明，新石器时代的农业种植者在西亚起源后，开始向欧洲扩张，扩张过程以欧洲原有的旧石器狩猎文化被迅速"清洗"为代价。而青藏高原的研究却表明，生活在高原上的旧石器狩猎者与新石器农业种植者相处和谐。这是因为我们发现：即使在狩猎者使用陶器后，狩猎者的旧石器工具并未彻底消失，而是逐渐递减、逐渐过渡，这一过程持续了长达数千年。

因此，人类进军高原的前途是光明的，过程是曲折的，它反映出人类自身基因对于极端恶劣环境的适应能力极为强大，并非我们所想象的那般脆弱，即人类天生就坚韧不屈，不会轻易被困难击倒。同时也是对我们所尊崇的勇往直前、无坚不摧信条的最好诠释。而青海湖无疑是青藏高原的圣湖，它是先民最早踏足高原的地区之一，是我们的根之所在，也是我们心灵的圣洁之地！

图 3-25 江西沟遗址中发现的陶片及用来加工植物性食物的磨棒

二、湖水荡漾张弓射

青海湖不仅有壮美的自然风景，也有深厚的历史文化底蕴。青海湖被人所遗忘的另一面就是青海湖与人的故事，我们讲三个故事，分别是石器时代、青铜时代与铁器时代中关于家园的故事。

说起石器时代,我们要从青海湖当地百姓流传的一则神话故事说起。早在混沌之初,人类来到了青海湖,结果发现这里是一眼浅浅的即将枯竭的泉眼。正在叹息这茫茫的草原缺少足够的水源之际,神仙降临,用神杖在泉眼一点,霎时间,大股的泉水喷涌而出,无法止住。水域愈来愈大,直到形成今天的青海湖。于是人类有了赖以生存的水源,有了追逐放牧的草场,这里逐渐成为人们生活的乐园。

看似荒诞的传说,却也与现代科学研究的结果不谋而合。科学研究显示,在2万年前,就是我们常说的冰河时代,由于降水急剧减少,气温比现在低很多,少量的降水又被凝固在高山冰川上,因此青海湖比现在小很多,几近干枯。大约距今1.6万年,全球气温回升,冰川开始融化,湖面又开始上升,甚至在距今6000年,湖面比现在高7 m左右,随后又开始下降,直到21世纪初(图3-26,图3-27,图3-28)。

伴随着气候条件的改善,湖面的扩大,湖畔的草原迅速好转,野生动物向湖区聚集,人类的脚步也追逐着野生动物而来,因为他们是天生的捕猎高手,他们以此为生有着数百万年的历史。他们的生存法则是:哪里有动物的行踪,哪里就是他们的家园。近年来,科学家们在青海湖畔的江西

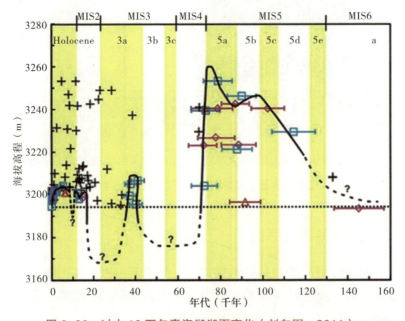

图3-26　过去16万年青海湖湖面变化(刘向军,2011)

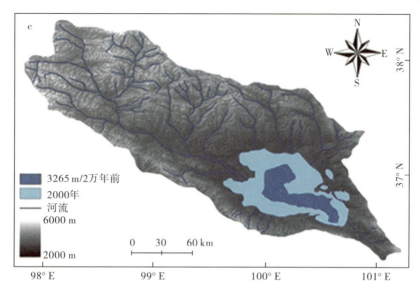

图 3-27　2 万年前冰河时代的青海湖湖面（深蓝色）（刘向军，2011）

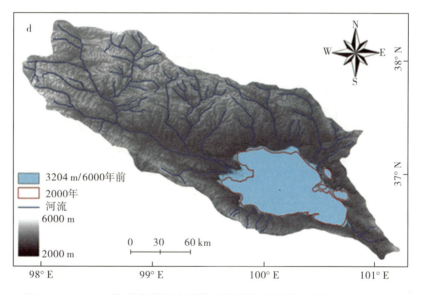

图 3-28　6000 年前全新世大暖期时的青海湖湖面（刘向军，2011）

沟、151、黑马河、娄拉水库、晏台东等遗址都发现了石器时代人类活动遗存（图 3-29）。尤其是江西沟遗址，发现了火塘等人类遗迹，将人类登上青藏高原的时间锁定在距今 1.5 万年。这真可谓是高原的第一个篝火，也是青藏高原最早的人类活动遗迹之一。1.5 万年前人类脚步开始踏足高原，夏天湖边生机勃勃，引来无数动物在湖畔栖息，早期的青海湖先民，手中拿着打制的石器（图 3-30），不费多大气力就收获了猎物，大家欢呼雀跃地回到营地。夜晚炊烟袅袅，皓月当空，人们烤制着白天的猎物，大块朵颐。享受美食之后，大家围着火塘，跳起欢快的锅庄。但是，一到每年的 11~12 月，湖面封冻，直到次年的 3~4 月，冰封的湖面开始解冻。这期间天气变得寒冷，草原一片荒芜，我们推测那时的人类不得不暂时离开，前往海拔较低的河谷地带躲避严寒的冬天。直到第二年开春，万物复苏，猎手们又满怀希望来到自己的营地，再次开始一年的狩猎。说起海拔，大家可能会产生疑惑：1 万多年前，青海湖的海拔会不会比现在低得多？不错，青藏高原确实是在抬升，抬升速率约为 1 cm/ 年。按照这个速率，1 万多年前，青海湖海拔比现在低 100 m 左右，现在湖面海拔是 3200 m，那么当时的海拔也已经超过 3000 m 了，也是名副其实的青藏高原了。石器时代的人类尚处于人类社会发展的幼年时期，他们衣衫褴褛、蓬头垢面、身材弱小，手握着原始而粗糙的工具，是青海湖以它广阔的胸怀接纳了这群弱小的先

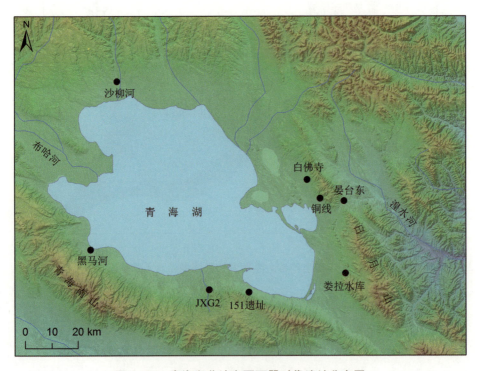

图 3-29　青海湖盆地主要石器时代遗址分布图

第三辑　江河汤汤

图 3-30　青海湖江西沟遗址上文化层出土的石器

驱者，赋予他们水源，给予他们食物。在青海湖的恩赐之下，先驱者的后裔一代又一代，不断发展壮大。

　　但不得不说，石器时代的狩猎是一场勇敢者的游戏。青海湖畔的岩画为我们展示了这场游戏的细节（图 3-31）。要知道仅仅靠弓箭这种原始武器，对付体型巨大的野牦牛可不是闹着玩的，没有勇气和力量，是玩不了这种游戏的。只见牦牛前方一位猎人张弓举射，后方一位猎人也在蓄势待发，一人开弓，牦牛中箭，恼怒冲之，另一人从背后再射，

图 3-31　青海湖畔的岩画展示狩猎的真实场景

135

牦牛掉头冲向另一人，反复循环，直到牦牛力竭而亡。与其说牦牛是猎杀的，不如说是累毙的。这种猎杀野牦牛办法的口述者是来自祖辈勇敢的猎手，岩画结果表明，这种狩猎方法来自数千年前的先祖。要知道现代猎手用的是枪，可不是弓箭，使用弓箭猎杀牦牛，难度可想而知。今天看到祖辈猎手亲手所画的狩猎画面，敬佩之情，油然而生！

三、风吹草低见牛羊

我们讲述的第二个故事背景是距今4000—2000年的青铜时代。在这个时期，我们的祖先可能已经驯化了牦牛和羊等野生动物，诞生了原始畜牧业（图3-32）。但遗憾的是，目前青海湖畔还没有发现充分的证据来证明这一点。不过远在千里之外的柴达木盆地的诺木洪遗址，却提供了证据支持，在那里发现了青铜时代畜养的证据，发现了木构圈栏建筑，其中有大量的羊粪堆积，还夹杂有牛、马、骆驼等牲畜的粪便。有圈栏，说明当时已经放牧或畜养。地处干旱荒漠之中的诺木洪尚且有畜牧，水草丰美的青海湖畔自然也不例外。青铜时代，先民在青海湖畔除了放牧与狩猎之外，还开始开发利用湖区资源。究其原因，很可能是气候有所恶化，湖区人口却不断增加，仅靠狩猎难以维系生存。此境况迫使先民开动脑筋，驯化动物，发展畜牧业。但原始畜牧业还很不成熟，提供的食物并不稳定，所以就物尽其用，最大限度地开发利用可用的资源。

图3-32　青铜时代彩陶罐上的羊角纹说明羊已经普遍驯养

第三辑　江河汤汤

刚察沙柳河提供了一个很好的例子，沙柳河桥头遗址是一处青铜时代早期的遗址，地层中发现了大量鱼骨，经过科学测年，这些鱼骨是3000多年前先民们食用后遗留下来的。我们知道现在每年5~6月，青海湖中的湟鱼就会在湖区的各大河流，溯源而上，繁殖产卵（图3-33）。其中沙柳河是注入青海湖的一条较大河流，湟鱼在此也会逆流而上。尤其是沙柳河大桥附近，河流水面宽，水流缓，河床浅，湟鱼洄游季，此处是捕捞的最佳地点（图3-34）。无怪乎先民在这里安营扎寨，下河捕捞，尽享湟鱼大餐。而青海湖也继续敞开胸怀，哺育了世世代代的青海人。细看3000多年前的湟鱼骨化石，骨架比现在更大更粗，这意味着湖里鱼的个头比今天更大更肥。湟鱼不仅养育了3000多年前的先民，直到1960—1970年，青海湖边的居民还从湖里捕捞了不少的湟鱼，解决了粮荒，救下不少人命。那时物资匮乏，生活条件差，湟鱼几乎成了青海人民的最佳食物。过度捕捞和利用造成青海湖中个头大些的湟鱼

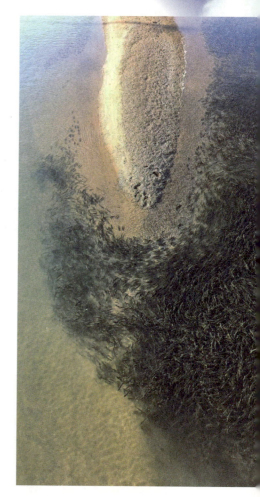

图3-33　布哈河中黑压压洄游的湟鱼
（李斌 摄）

数量骤减，只剩个头小些的才能躲过一劫。湟鱼的遭遇就是青海湖的缩影，它们源源不断地为人类付出，自己却面临着生与死的巨大危机。

四、驼铃声声丝路穿

进入铁器时代，吐谷浑在青海立国。适应畜牧生活的吐谷浑人在青海湖畔的铁卜加草原建都，这里是他们的不二选择。作为都城的青海湖畔人声鼎沸，热闹非凡。这里不仅是培育优良马种——青海骢的基地，更是沟通东西方古丝绸之路的重镇和要道。也就是说，这时青海湖畔不仅

图 3-34　刚察沙柳河遗址

图 3-35　青海湖畔骑马张弓射猎岩画

仅是水草丰美的宜居之地，也是区域重要的政治、经济、文化中心之一，还是国际大通道上的重要一环。由于人类活动相当兴盛，在湖区周围留下了不少珍贵遗迹，高耸挺立的吐谷浑都城——伏埃城城墙，向人们讲述着昔日的繁华与壮丽。而湖区留下的大量岩画，则是那个时代最好的画面与记忆。你可以看到这样一幅岩画：勇敢的射手骑上骏马，这骏马可能就是传说中的青海骢。骏马疾驰奔行，射手张弓待发，马前的猎狗狂追一头落荒而逃的野牦牛（图3-35）。寥寥几笔，却如此生动，它似乎要挣脱岩石的束缚，向我们倾诉那逝去在黄沙中的历史。再看另一幅岩画，一位行者，张开双臂，似乎在牵引一头骆驼。骆驼昂首阔步向前方，而匆匆的行人，似乎急于赶赴遥远的前方，振臂疾呼，希望队伍加快步伐（图3-36）。敢问行者，你的终点是哪里，是不是传说中的大食帝国？

这就是青海湖，过去与现代交融，美丽与古老并存，石器与驼铃同现，穿越时空，相聚融合在一起，让我们看到了另外一个前所未闻的世界。原来我们的青海湖如此精彩，是我们祖祖辈辈赖以生存的家园！

图3-36　青海湖畔人牵骆驼岩画

走进喇家遗址

在青海省民和回族土族自治县南部,有一个面积约 60 km² 的三角形盆地,黄河从中穿流而过,它就是官亭盆地。盆地海拔在 1800 m 左右,是青海省地势最低的地区,也是全省自然条件最优越的地区。历代官府均在此设立驿站,故称之为官亭。在古代,官亭是从中原进入青海的第一站。在黄河河沿至今还保留有"临津渡"遗址,这可是自古以来名气颇大的一个渡口,是南丝绸之路的必经之地,当年隋炀帝西征吐谷浑便是从此渡口进入青海。另外,在盆地里发现的胡李家遗址等属于仰韶文化。也就是说,早在 6000 年前,古代先民就已入住官亭盆地。就新石器时代而言,这是进入青海最早的居民。因为官亭雄踞交通要冲,是青海名副其实的"东大门",自古以来,地位非常重要。再加上盆地内文物古迹众多,民风民俗独特,所以官亭真可谓是人文荟萃、底蕴厚重之地。

在官亭众多的文物古迹中,现今名气最大的当属喇家遗址。喇家遗址位于官亭镇喇家村,遗址因此而得名。喇家遗址是个既古老、又年轻的遗址。说它古老,是因为它有 4000 年的高龄,说它年轻,是因为人们真正科学地认识它仅仅只有短短二十余年时间。考古学把距今 4000 年左右活动在甘青一带的新石器时代晚期的文化称为齐家文化。喇家村齐家文化遗址面积达到 67.7 万 m²,这在西北地区是一座大型的史前文化中心聚落,而且考古学家王仁湘、叶茂林等先后在喇家遗址发现了黄河第一大磬——黄河磬王,以及中国第一玉刀等高等级、高规格文物。种种证据反映出这里已经出现了产业和阶层的分化,社会复杂程度进一步加深,预示着这里即将踏进文明的门槛。因此,考古学家有充分的理由认为这是齐家文化时期地区的权力中心之一。

一、定格的史前灾难瞬间

今天的喇家村是个有500多人口的土族村庄，在村庄之下就是喇家遗址，遗址的面积实际上比今天村庄的规模还要大。考古学家叶茂林带领他的队伍一直在此地进行发掘研究工作，而他们发掘研究的区域主要集中在村庄的边缘地带，这里多是村民的耕地，发掘时负面效应较少。根据喇家村现有人口和喇家遗址的规模，可以推测喇家遗址当时的人口应该在500人以上。这不是个小数字，要知道，在距今4000年前，根据科学家们的推算，许多遗址只有不到100人的规模。

喇家遗址坐落于黄河之缘，这绝非偶然。黄河塑造了我们赖以生存的大地。在黄河上游，由于河流的切流和地质构造的共同作用，在河流所经之地，形成河流和峡谷相互交替的一种非常奇特的地貌现象，有人称其为"串珠状盆地"。比如龙羊峡—贵德盆地、李家峡—循化盆地、积石峡—官亭盆地。这种地形特点，一旦到了特大洪水，就可能发生流水不畅的问题，加重洪水的危害。（当然，就现在而言，青海段的黄河谷地发生洪水的概率小之又小。）同时在黄河两岸形成一些高低不等的平缓台地，这就是河流阶地。就官亭盆地而言可以辨认的河流阶地有三级，而喇家遗址和现今绝大部分的村庄都坐落于河流阶地的二级阶地上，而二级阶地是盆地内发育最好的阶地。在这个阶地上人们有大片的良田，又有比较近的水源。在地形平坦、土壤肥沃、水源充沛和光热充足的喇家村，得益于其优厚的地理环境，在4000年前形成了一个西北地区规模少有的大型聚落遗址——喇家遗址。现今的喇家村位于黄河的二级阶地上，高出河床20余米（图3-37），距离黄河足有500 m。静静的黄河，如今令人联想到的更多的是赋予了盆地内众多土族儿女灌溉之利。谁都不能否认黄河是母亲河，但喇家遗址的考古发现，向人们展示了另一幅画面，是黄河的泛滥曾经冲没了盆地内的灿烂文明。

该遗址自1999年发掘以来，重大考古发现层出不穷。此地发掘出完整的房址、大型广场、宽大的壕沟，还出土了各类铜器、玉器、骨器、石器、陶器和黄河磬王。尤其是黄河磬王，是现今中国第一大磬。磬是古代的一种乐器，悬挂击之有声。它既是一种乐器，又是一种礼器，是主人权力和地位的象征。由此，学者们断定喇家遗址是当时社会的权力中心。在西北

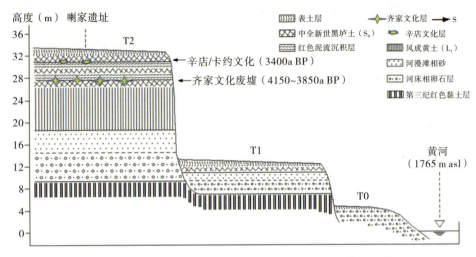

图 3-37 官亭盆地喇家遗址黄河二级阶地及其地层结构（黄春长等，2019）

地区发现规模如此庞大的遗址，尚属首次，其意义非同一般。因此喇家遗址被评为 2001 年度"全国十大考古新发现"之一，在 2001 年 6 月 25 日被国务院公布为全国重点文物保护单位。

喇家遗址所在的村东头东北角的高地上，发掘出 4 座齐家文化房址。令人吃惊的是在 3 座房址内发现了人骨遗骸；更让人震惊的是在 4 号房址内发现了 14 具人骨遗骸（图 3-38），他们有的相拥，有的匍匐在地，以未成年人居多。屋内一角 5 个拳头大的小人头拥在一起，一位成年人挡在前面，双臂护着惊恐的孩子；而在相对的方向，一位母亲，依偎在墙壁上，全身缩成一团，怀里紧紧抱着一名婴儿。

在 3 号、4 号房址东边七八米处是 5 号、6 号房址。5 号房址正中有一具人骨遗骸，像是母亲，离她仅 1 m 处是一孩童遗骸。这座房址是当时的储藏室，在屋内挖有一大洞，里面储藏着大大小小的陶器。离它仅 1 m 处是 6 号房址，房内有两具人骨遗骸，身旁放着陶器。3 号、4 号房址面积较大，有 14 m²，像是老人与孩子的公共居室；5 号、6 号房址面积较小，像是成年人的居室。

而更让人吃惊的是，在 23 号房址内发现一位成年男子与一个孩童的遗骸，大人怀抱小儿，小儿似乎正在拿着杯子喝水（图 3-39）。这一幕被瞬间定格，充分反映了当时地震、洪灾等灾害的突发性，推测许多喇家

图 3-38 喇家遗址 4 号房址

图 3-39 喇家遗址 23 号房址遗骸

先民被突如其来的灾害掩埋在了房屋里。

此情此景让人震撼，是什么原因夺取了这些喇家先民的生命？王仁湘请来了北京大学的夏正楷教授。夏正楷教授是一位环境考古学专家，他发现在这些房址的地层里，都有一层棕红色黏土，黏土中夹杂着波状沙质条带。棕红色黏土和沙质沉积物说明它们是黄河洪水的产物，因为沉积物中悬浮体占90%左右，只有黄河发生漫洪，才能形成这样的沉积物。因此，夏教授确定黄河的异常洪水事件是造成喇家遗址毁灭的主要原因。夏教授在官亭盆地的河流二级阶地上发现棕红色黏土和沙质沉积物广布，推测其在距今4000—2750年，盆地内黄河洪水曾经泛滥数十次，这段时间是洪水多发期，而喇家遗址可能早在洪水初期即被淹没。

夏教授进一步在遗址地层发现了地裂缝数十处，它们宽4~5 cm，埋在地下0.5~2 m处。裂缝断面呈楔状，上宽下窄，向下逐渐闭合，其上被棕红色漫洪堆积或灰白色山洪堆积所掩埋（图3-40）。夏教授敏锐地感觉到这应是一次大地震所留下的遗迹，根据地裂缝中充斥了大量的细沙，以及齐家文化陶片等遗物，推断地震发生在洪水之前，而且地震与洪水间隔时间不会太长。至此，喇家先民身死之谜终于真相大白。喇家遗址以保留了中国唯一的距今4000年罕见的地震、洪水等灾害遗址而蜚声中外。夏正楷与叶茂林的研究结果《青海喇家遗址史前灾难事件》于2003年6月发表在中国顶级的学术刊物《科学通报》上；而发掘的喇家遗址的灾难现场也被有效地保护起来，2005年在遗址灾难现场建立了博物馆。

为搞清冲毁喇家遗址的洪水是黄河大洪水还是来自盆地周边山地的季节性山洪，黄春长教授建立了官亭盆地内晚更新世晚期—全新世地层序列和年代框架，发

图3-40　喇家遗址地层中的地裂缝

现盆地内的基本序列与黄土高原中东部地区基本一致，从上至下依次是现代土壤（MS）—全新世晚期黄土（L_0）—全新世中期黑垆土（S_0）—全新世早期黄土质过渡层（L_t）—晚更新世马兰黄土（L_1-1）。比较特别的是喇家遗址地层中本应是全新世中期黑垆土层（S_0），却出现了两层间隔的红色黏土质泥流沉积层（RC_1/RC_2），原本的黑垆土层古土壤层（S_0）被分割成不连续的上段（S_0上）、中段（S_0中）和下段（S_0下）（图3-41）。红色黏土质泥流沉积层显然是来自盆地的山洪所致，时间在距今3900—3600年，推测当时官亭盆地北部大红山上的晚第三系红层丘陵沟壑地区，受极端降水影响频频发生大规模的山洪和泥流灾害，两层泥流沉积层指示

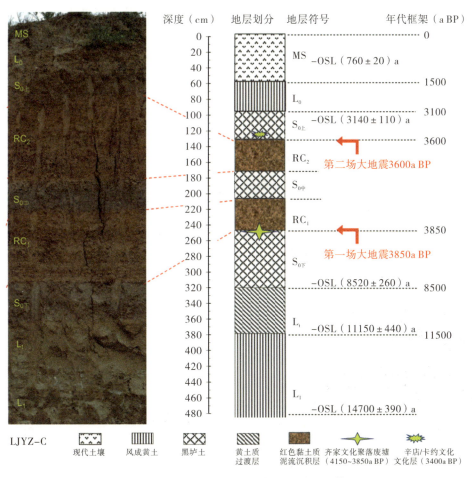

图3-41 喇家遗址地层序列与年代框架（黄春长等，2019）

发生两期多次的、大规模的山洪和泥流过程，洪流沿着沟道穿过古洪积扇前沿汇进了黄河干流，一些洪流溢出沟槽漫延至喇家遗址所在的黄河第二级阶地表面上。在强烈的地震、频繁的暴雨、猛烈的山洪和泥流等多重、群发性自然灾害的共同冲击下毁灭了盆地内齐家文化的大型聚落喇家遗址（黄春长等，2019）。

令人唏嘘的是喇家先民在遭遇巨大不幸之前，创造出了灿烂的史前文化。比如 15 号房址，是目前齐家文化中最完整的房址，面积约 10 m^2，门朝西开，门侧支撑房子的木柱孔依然清晰，在发掘伊始，屋内发现了很多先民当时的生产工具和生活器具。令人惊奇的是，四面的墙壁上贴了一层白灰，与现今房屋的墙面白灰几乎一致，猜测这既能美观内屋，又能达到防潮的目的。在房屋的西北角，有一个用石头垒成的壁炉，烟熏的痕迹特别明显，墙壁有一洞，用来摆放罐瓮。站在房址旁，能够体会到 4000 年前先民的生活，感受到一种原始、简单、朴素、粗犷和勤劳的生活气氛。

就在这种简单、朴素的生活背景下，先民却能制造出精致的陶器、精美的玉器和精细的石器。在一村民家中，我们见到一块骨器，复原应是一个圆形，但现已残损。骨器打磨光滑，钻孔很圆，它的做工之精细，让人很难相信是 4000 年前的遗物，先民的做工技术着实令人叹服。

就在临近黄河的一级台地的断崖处，先民遗留的器物随处可见，破碎的陶片裸露在黄土上，打制的石器散落在土地里。笔者随手拣起一片青黑色石块，发现其与黄河磬王及其他发现的众多石器的石料相似，喇家先民打制石器时偏爱黄河水冲刷出的这种青黑色石料，据此可以看出他们有自己的生活习惯，有自己的选择，他们的文明程度超出了我们的想象。

在断崖处的地层里，有一沙石层引起了我们的注意。它厚约 10 cm，和地面近似于垂直。沙石层内有鸡蛋大小的石块和细沙，并夹杂着陶片。它似乎在向人们诉说着这样的情景：先是大地震损毁了房屋；后又山洪来袭，冲毁了聚落，让喇家先民一次次遭受自然灾害的浩劫。

二、世界上最古老的面条

自 1999 年以来，每年秋季喇家村村民忙着秋收时，也正是考古学家积极开展工作的时间。中国社会科学院考古研究所的考古学家叶茂林一直辛勤耕耘在喇家遗址上。天道酬勤，上天也会偏爱耕耘不辍的人。喇家遗址的重要研究成果接踵而至，其中许多成果走向了国际，引起了全世界的瞩目。

2002年11月22日，考古学家在喇家遗址东部平台上进行挖掘工作，这个平台非常特别，在它的齐家文化地层里发现了硬土面，意味着这里曾经有很多人集体踩踏过，推测这应该是一个广场。在这个平台的北部，曾经发现有聚落祭祀遗址的痕迹。22日的工作就在平台的北部。青海省文物考古研究所蔡林海发掘出了一个橘红色陶碗，这种陶碗看上去很是普通，在喇家遗址随处可见。不一般的是，倒去碗中的土，竟发现是白色面条状的遗物，已经风化，只留有薄薄的表皮，但面条状的形态依旧，有几十厘米长。经验丰富的考古专家们迅速将面条状遗物放回碗中，将土原封不动盖好，做些简单的处理后带回了北京，并请中国科学院地质与地球物理研究所的吕厚远研究员对其做了古植物学鉴定。吕厚远利用一种叫植物硅酸体的技术识别出这团面条状遗物，的确是食物面条，但并不是今天我们用小麦面粉做出的面条，而是用粟与少量的黍制成。形象地说，它是一碗杂面面条。所谓的植物硅酸体技术，就是指植物在生长过程中，根系吸收了硅，它们以水合硅的形式积淀在植物的组织细胞中，并聚合成各种形态的蛋白石矿物，这就是植物硅酸体；它一般在原地沉积，可以长时间保存，不同的植物类型有不同的植物硅酸体，因此，利用植物硅酸体就可以区分出植物的科、属甚至种。

专家们推测，这碗面条可能是用来祭祀的，放在广场祭祀处。地震发生后陶碗倒扣泥土之中，使陶碗密封起来，隔绝了空气，因而面条被很好地保存了下来。真是幸运呀，地震摧毁了家园，却为我们保留下了一碗珍贵的面条，这可是一碗4000年前的面条！这也是全世界迄今为止发现的最古老的面条。世界权威的英国《Nature》杂志在2005年10月，刊发了叶茂林和吕厚远的研究结果。这是对他们数年来辛勤工作的肯定，也是对喇家遗址价值的认可。

谈起自己多年的工作，叶茂林却谦虚地说："这些年来，喇家遗址差不多每年的发掘都有一些新发现和新进展，当然这主要是因为喇家遗址非常重要，它特殊的埋藏现象和保存环境，使其蕴含着丰富的内涵和宝贵的遗存，只要一动土，就有可能出现特别的新发现。我们的工作只是顺应了实际情况而已。"

2005年秋，叶茂林和他的同事们又来到了喇家遗址，继续开展研究工作。这次他们在喇家遗址东北侧发现了喇家遗址齐家文化的后续文化——辛店文化。据此来看，4000年前的那场可怕的大地震和随后致命的、连续的大洪水，并没有完全消灭喇家先民们，其中相当一部分人幸存了下来，并随后同更恶劣的自然环境进行着顽强搏斗。但可怕的灾难对官亭盆地的史前文化影响是巨大的，在大约4000年前，盆地内的齐家文化达到鼎盛，但经过地震和一系列洪水之后，文化聚落规模和密度变小，文化面貌走向下坡路。古代的教训在今天同样有效，我们要严肃面对环境变化，如果掉以轻心，喇家遗址可能就是我们的前车之鉴。

《山海经》与青海

西汉末年,学者刘歆向皇帝进献了一本经他整理的书,名叫《山海经》。据刘歆说:"禹别九州,任土作贡;而益等类物善恶,著《山海经》。"即他认为《山海经》是夏禹时的作品。而今认为,它是先秦历代巫师、方士、祠官等将各自的所见所闻汇总而成,例如西周宫廷内的大司徒、大宗伯的职责便是"辨其山林川泽""祭社稷五祀五岳"。他们具备写书的条件,后经刘歆整理,就成了今天我们看到的《山海经》。司马迁在《史记》中首先提到此书,并说:"《山海经》所有怪物,余不敢言也。"这从侧面反映了《山海经》出书更早,连司马迁都不敢妄加点评了。

《山海经》是上古时代的一部百科全书,是保留至今的关于上古时代的一本珍贵历史文献,也是我国最早的经典地理著作,对后世影响很大。通过此书让我们窥见人类社会由原始蒙昧向高级阶段发展的过程。《山海经》分为"山经"和"海经",前者记述了华夏范围之内的山川脉理、金玉所有,鸟兽昆虫及八方民俗,经历代学者考证,其中所记述的山川河流都有较强的准确性;后者记述了华夏范围之外的较远和极远地区,其中保留了不少上古时代的神话,如我们熟悉的夸父逐日等。

令人惊喜的是,这部上古奇书中所记载的有些地域在青海。其中,最常见的是关于"西海"的记载。书中写道:"又西二百五十里,曰騩山,是錞于西海,无草木,多玉。凄水出焉,西流注于海。"意思是说往西二百五十里,是騩山,它依傍在西海之畔,这儿没有草,多玉石。凄水从这座山发源,向西流入大海。此处的西海、凄水分别指的是今天的青海湖、倒淌河,騩山大致就是青海湖东边的日月山。研究表明,近万年前倒淌河水流量比现在要大,青海湖面积比今天的面积要大三分之一多。难怪上古的先民把这么大的一个湖当成海。实际上，今天的青海湖仍是全国第一大湖，并且进一步说，"西海陼中，有神……名曰弇兹"，意思是说在西海的岛屿（海心山，图3-42）上，有神名叫弇兹。弇兹有否，暂且不论，但说"西海陼中"，分明是在告诉我们当时青海湖中就有岛。看来，这些记载是有根据的，决非任意杜撰。至于西海之外，相传极远的地方，有座山叫方山，山上有棵青色大树，是太阳和月亮出没的地方。

在《山海经》中提到较多的另一处属于青海的地名是"昆仑山"。"山经"中说，"南望昆仑，其光熊熊，其气魂魂"。这里所描述的似乎是现今人们站在河西走廊，仰视地处甘青交界的祁连山脉所看到的壮观景象。还说它的位置在"西海之南，流沙之滨，赤水之后，黑水之前"，昆仑山的山体"方八百里，高万仞"，而昆仑山南"深三百仞"。这一纪录与祁连山北坡高差大、山高坡陡，南坡高差相对较小的实际情况相符。《山海经》中还记载了从昆仑山发源的几条河流，流向分别是"南流""东南流""西

图3-42　青海湖海心山（李斌 摄）

南流""西流",从同一山脉发源的几条河流,流向如此之多,这在祁连山还是很常见的。这就说明先秦时人们对青海东部和北部已有了一定的认识。另外,从中国最早的史书之一《竹书纪年》中也可找到佐证。其中记载了周穆王西游,驱驰千里,登上了昆仑山,会见了西王母。《山海经》中说西王母"其状如人,豹尾虎齿而善啸,蓬发戴胜"。据后人考证西王母是一国名,穆王会见的是其酋主。根据《汉书》载:"临羌西北至塞外,有西王母石室、仙海、盐池。"临羌在现今大通、湟中一带,仙海、盐池分别指的是青海湖、茶卡盐湖。据此人们认为西王母居地在今青海湖或共和盆地一带。周穆王西游在历史上很有名,那次距今3000年的西游,首开中原与西域交流之先河。如此说来,周穆王也是有史记载的第一位进入青海的君主,同时也说明中原人民进入和开发青海的历史要比我们想象得早。

第四辑

贯通东西

丝路遗珍

一、丝路缘起

2013年金秋，习近平总书记在土库曼斯坦撒马尔罕提出共建"丝绸之路经济带"和共建"21世纪海上丝绸之路"重大倡议（简称"一带一路"）。共建"一带一路"不仅仅是经济合作，也是完善全球发展与治理模式、推进经济全球化健康发展的重要途径，更是在对话协商、共建共享、合作共赢、交流互鉴的过程中，谋求合作的最大公约数，把沿线各国人民紧密联系在一起，实现共同发展。

"一带一路"建设要借助古代陆地与海上丝绸之路的伟大精神与文化内涵，即强调联系与交流，而文化交流无疑会成为实现"一带一路"倡议的先行者和打开交流之门的金钥匙。位于南亚的巴基斯坦是古代丝绸之路上重要的环节，区域内的印度河流域更是产生过著名的以哈拉帕文化为代表的灿烂的印度河文明。这里不仅是南亚文明最早的发源地，也是世界上重要的古文明中心之一，还是三大宗教之一的佛教起源与重要的传播区域，可谓是集多项桂冠于一身，故而吸引了全世界考古学家的视线。

巴基斯坦印度河谷的巴哈塔尔遗址是距今4800—4600年哈拉帕时期的一处非常重要的古聚落。哈拉帕文化层内发现的遗迹和遗物非常丰富。考古学家对遗址开展区域调查工作，分析了哈拉帕文化在印度河上游地区的基本分布状况和规律，大大加深了对哈拉帕文化的科学认识，也有助于解决哈拉帕文化的来源及演变这一科学问题。

当然在南亚的科学发现不仅要解决哈拉帕文化自身的科学问题，我们也要着眼于青藏高原及其丝路沿线早期文化交流的相关学术问题的解决。

因为发源于青藏高原的印度河等，将南亚次大陆与青藏高原，甚至中国腹地连接了起来，是天然的文化交流通道与走廊。而这种视野具有全面性和大陆性，使得很多令人迷惑的疑难问题更易理解。比如，中国黄土高原兴盛的仰韶文化流行主体纹饰"四叶花瓣纹"，也是哈拉帕文化中的经典纹饰"马耳他十字"，虽然名称、叫法不同，但是纹饰构图却如出一辙，高度相似。除此之外喜马拉雅山东侧的青藏高原史前文化与西侧的南亚史前文化，两地陶器拥有共同的特征，如红陶黑彩，施加陶衣等。这些证据使得考古学家相信，早在5000年前，喜马拉雅山东侧的青藏高原史前文化与西侧的南亚史前文化已经产生密切联系，哈拉帕文化陶器明显受仰韶文化陶器风格的影响。

而这种影响在喜马拉雅山的东、西两地是较为普遍的，在随后稍晚的距今5000—4000年的甘青马家窑文化与西藏昌都卡若文化里，都能找到与印度河哈拉帕文化交流的证据。比如，卡若文化陶器上广泛出现的"抹刷纹"，也广泛出现在巴哈塔尔遗址哈拉帕文化陶器上；在巴哈塔尔遗址发现的带孔盘状石器，与青海贵德罗汉堂马家窑圆盘砍砸器也几乎是一模一样；哈拉帕文化与马家窑文化都流行陶手镯，如果把相隔万里的陶手镯放在一起对比，几乎难以分辨，种种现象揭示两地之间的史前文化存在千丝万缕的影响与联系。

文化交流与作用往往是双向的、互动的。东亚史前文化对南亚产生影响，与此同时南亚史前文化也对东亚产生了不小的影响，有些影响甚至超过我们的想象。在将这些发现汇总思考之后，学者先前许多无法解释的现象现在都迎刃而解，许多发现甚至改变了传统认知。例如，中国境内距今5000年后开始出现了"宝贝"，均为海洋性贝类，而其中的白色环纹货贝，只生活在红海与印度洋。以前大家很疑惑，这些"宝贝"出自何地？怎样到了中国内陆？目前从史前考古资料来看，海贝最早出现于青海的马家窑文化、宗日文化和西藏的卡若文化，之后才在中国内地普及。早期"宝贝"遗存都分布在中国西部地区，大约同时期的喜马拉雅山西侧的哈拉帕文化则广泛使用海洋贝壳，这一现象暗示这些海贝及其使用传统应该来自南亚的哈拉帕文化。

这样的例子并不少见，高原上马家窑文化中普遍出现的项链"骨珠"，大家对其成分看法不一，有人认为是石质的，有人认为是骨质的。对其来源，更是无法厘清。考虑到哈拉帕文化中流行着类似的装饰品——费昂斯，与马家窑文化中所谓的"骨珠"类似，印度河谷发现的年代最早的费昂斯珠子可以追溯至距今5000多年的哈拉帕文化早期，而马家窑文化类似的"骨珠"要晚于哈拉帕文化，说明这类物品的使用应该受南亚史前文化的影响。这也说明早在新石器时代就存在跨喜马拉雅山的交流路线与交通通道，使两地的人群产生联系。根据地理因子与史前遗址模拟的新石器时代青藏高原交流路线似乎也支持这种交流的存在（图4-1）（兰措卓玛，2021）。

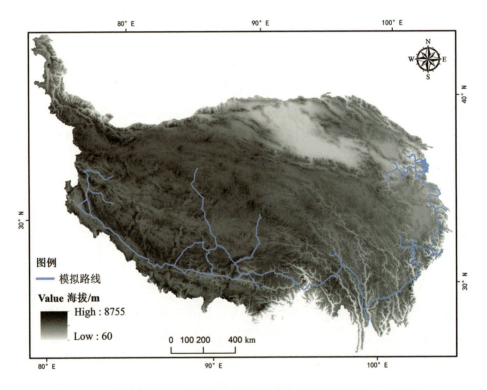

图4-1　模拟的新石器时代青藏高原交流路线（兰措卓玛，2021）

二、丝绸之路青海道的走向

我们知道，欧亚大陆连接东西方物质文化交流的大通道，就是在历史上曾经对东西方文化交流发挥了极为重要作用的丝绸之路。当然古丝绸之路并非是严格固定的一条线路，其线路走向大体有三条，即主干道、青海道和草原道，主干道走向为从中原、关中盆地经甘肃河西走廊进入新疆，沿塔里木盆地南北边缘穿越葱岭，通往中亚、印度、西亚和欧洲；青海道主体部分经过地区在青海省境内，经过青藏高原东部和北部到达新疆塔里木盆地，进而沟通域外的路线；草原道从关中或今河南北上经黄土高原，至内蒙古的阴山山脉及居延海绿洲，通过天山南北麓至西域，真可谓是条条大路通罗马。

我们这里具体谈一下青海道。其以西宁为中心，通向东南西北四个方向，从而形成四条路。东路沿湟水河到达兰州，与丝绸之路主干道汇合；南路经西宁—平安—尖扎—同仁—合作—临潭—卓尼，到达甘南的迭部，进而与四川、云南、贵州等产生联系；北路为西宁—大通城关—翻越达坂山—门源古城—祁连峨堡—扁都口—永固古城—张掖汇入主干道；西路至湟源—刚察—伏埃城，以伏埃城为次级枢纽，向西进入柴达木盆地，分别沿柴达木盆地南北缘的绿洲聚落形成南北两条线，北线为天峻—德令哈—大柴旦—鱼卡—花海子，翻越当金山口，到达敦煌汇入主干道；南线从伏埃城出发，至香日德—诺木洪—格尔木—乌图美仁—花土沟，向西到达塔里木盆地的若羌，并与主干道汇合（图4-2）。

从地理条件看，丝绸之路主干道海拔低、氧气充足，气候条件较为适宜，地势平坦、路线近，沿线聚落人口较密集，补给供养便利，优势较为突出。青海道则刚好相反，海拔高、气候高寒，地形起伏大，需要翻越日月山、祁连山、阿尔金山等高山大川，同时还要面对干旱的柴达木盆地里的荒漠戈壁。怪不得穿越盆地的南北两线均绕着盆地边缘走，因为这里是昆仑山、祁连山和阿尔金山与盆地的交接处，是河流出山口，地表、地下径流都很丰富，滋润了不少绿洲。而散布在盆地边缘星星点点的绿洲，成为古代旅行者的天然驿站。不得不说，历史上的青海道，由于受自然条件限制，只是起辅助作用，是在特定历史时期、特定环境下所选择的线路。比如张骞出使西域，从中亚返回长安时，本打算走主干道的河西走廊，但迫于河西走廊被匈奴控制，为免受干扰与被俘，选择了条件艰苦的羌人生活的"羌中道"，即本文所说的青海道西路。主干道的确肩负了东西方交流的主要任务，历史上大部分时期、大部分人员与物资转移都使用的是主干道。

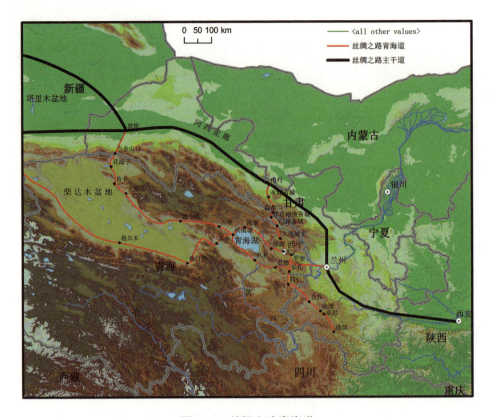

图 4-2 丝绸之路青海道

三、丝绸之路青海道的演变

正如前文所说，丝绸之路青海道可能早在新石器时代就已具雏形。除前文所提的证据外，还包括新石器时代末期甘青地区马厂文化已经扩散至河西走廊，那里分布有与马厂类型彩陶关系密切的四坝类型彩陶，而四坝类型彩陶又向西影响到距今 4000—3000 年的新疆天山南、北的史前彩陶。此外，距今 4000 年前后甘青地区青铜时代早期的齐家文化，发现不少玉璧、玉琮等玉器，其中不少玉料来自河西走廊的马鬃山，甚至可能来自新疆和田。显然，这些玉料是经过现在所说的丝绸之路运输而来，当然也有沿青海道而来的可能。但不管怎么说，上文所提到的"羌中道"标志着青海道在汉代已经正式形成，并被记录到《史记》中，被世人所熟知。

南北朝时期至唐代，尤其是公元 5—9 世纪，青海道因"吐谷浑道""唐蕃古道"的兴起而进入鼎盛期，一度发挥了东西方陆路交通东段主线的作用，为东西方文化经济交流做出了卓越贡献。丝绸之路吐谷浑道，又可以细分为西蜀分道、河南分道、祁连山分道、柴达木分道、吐蕃分道五条分道。西蜀分道是由吐谷浑境通往四川的通道；河南分道是沟通西蜀道与柴达木分道及祁连山分道的通道；祁连山分道是由河湟谷地通往河西走廊的通道；柴达木分道是沿柴达木盆地南、北通往西域的通道；吐蕃分道是吐谷浑接续吐蕃之道。这五条分道之间相互衔接，即西蜀分道北接河南分道，河南分道西接柴达木分道、北接祁连山分道，形成一个四通八达的交通网络（图4-3）。公元5—9世纪青海道最为繁盛，显然与当时社会、政治、经济环境密不可分。此时期前半段，正值中国历史时期的大动乱，社会不稳、民不聊生，战乱不息，河西走廊当然也无法摆脱这种大环境的困扰。而此时青藏高原上却相对安定，吐谷浑部在高原上放牧、经商，经营驿站，保障通达，获取东来西往客商的服务费用，小心呵护着丝绸之路的畅通，经济条件较为富足。而在此时期后半段，吐蕃势力崛起，作为高原年轻的霸主，决心要开疆扩土，控制丝路，青海道自然是一块肥肉，取得控制权，可以获得巨大的政治、战略和经济利益。唐代之后，宋代虽在经济上较强大，但是军事上却较弱小，当时中华大地也是四分五裂。地方割据政权，北有辽金，西有西夏，各方纠葛不断，相互抗衡。在这种政治形势下，丝绸之路自然难以畅通。过度的内耗，致使朝廷难以顾及丝绸之路的运营与维护，因此丝绸之路逐渐衰败。这种情况一直持续到蒙古大军的到来才有所改善，蒙古铁骑从蒙古高原一路向西，一直驰骋到东欧大平原的多瑙河流域。伴随着横跨欧亚大陆的大规模军事行动，丝绸之路又重获生机。比如，这时意大利旅行家马可波罗便是沿着丝绸之路来到中国，见证了丝路沿线的繁华。但元代历时较短，再加之欧洲人哥伦布等发现美洲新大陆，全球的交流视野开始转向对海洋航线的重视，古老的丝绸之路此后便失去了往日的光辉，并被人们所淡忘。直到19世纪后期，德国地理学家李希霍芬在中亚一带考察，发现了大量以往东西方交流的各类遗存，大家这才意识到在上古和中古时期，曾经有这样一条横穿欧亚大陆连接东西方世界的大路，他将其命名为"丝绸之路"，从此丝绸之路又开始进入人们的视线。

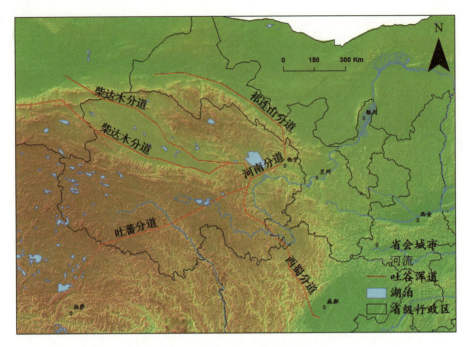

图 4-3 丝绸之路吐谷浑道

四、青海道的丝路文物

距今 5000—4000 年的史前时期，亚洲发育有三大文化圈，即东亚的史前中国互动圈，北亚草原的北亚互动圈，中亚的亚洲中部互动圈。东亚互动圈是以发达的陶器文化为主要特征，有陶鬲、鼎等独特器型，崇尚玉器，种植粟、黍。北亚互动圈与中亚互动圈相互作用的过渡地带为欧亚草原一带，形成了受二者共同影响的北方草原文化圈——安德罗诺沃文化。距今 5000 年时，阿尔泰山北麓出现了金属冶炼，并发展出较成熟的合范青铜铸造技术，其中塞伊玛—图尔宾诺铜矛就是北方草原文化圈的典型器物，其分布范围非常广阔，西到芬兰，东到中国东部南阳。无独有偶，1992 年在西宁城北的沈那遗址发现了一件巨型铜矛，长达 61.5 cm，向尖端直线收敛，刃部下部宽，刃部下有钩，梁下部有三条突带，柄部为銎，钩的对面有钮，该巨型铜矛属于典型的塞伊玛—图尔宾诺文化特征。但是沈那遗址属于典型的齐家文化，时代为距今 4100—3600 年。因此我们有理由认为早在距今 4000—3600 年，东亚文化圈与北方草原文化圈已经产

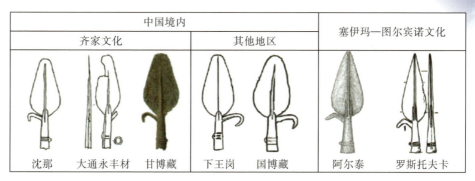

图 4-4　青海及塞伊玛—图尔宾诺文化出土的铜矛

生了联系与交流。沈那铜矛的发现表明：东亚文化圈西部已经出现了北方草原文化圈特征的青铜器。因此在青铜时代早期，北方地区东西方文化交流已经迈上新台阶。可以看到这种交流的主战场已经转移至东亚文化圈与北方草原文化圈之间。北京大学林梅村教授汇总了目前此类器物发现的具体情况（图 4-4）：甘肃省博物馆 1 件，下王岗遗址 4 件，大通永丰材遗址 1 件，国家博物院 1 件，青海西宁沈那遗址 1 件。国外此类器物分布也很广泛，俄罗斯阿尔泰地区出土数件（时代大约相当于二里头文化时期），黑海地区发现有 5 件（以罗斯托夫卡铜矛为代表），年代偏早，可能是距今 4000 年前后。黑海铜矛头较尖，体较瘦长，下王岗遗址与沈那遗址的铜矛形制基本相同，差异只是个头较大、较长，推测这类铜矛起源于黑海地区，传播至阿尔泰地区，并影响到中国西北，甚至中原腹地，而将上述地区的发现串联起来正好大致与丝绸之路走向一致（图 4-5）。

　　进入历史时期，丝绸之路沿线发现的文物更是数不胜数。吐谷浑部是东晋初至唐代早期活动在青海高原上的游牧王国。货币是商品经济的标志，也是丝绸之路的硬通货。在青海多地发现了该时期来自域外的贵金属货币，表明当时有非常频繁的经贸往来，这些是丝绸之路青海道的实物证据。1956 年，在西宁市的隍庙街（今解放路）出土 76 枚波斯萨珊王朝卑路斯（公元 457—482 年）银币（图 4-6）；1999 年，在乌兰县铜普大南湾遗址出土 6 枚波斯萨珊王朝不同时期的银币与 1 枚查士丁尼一世（公元 527—565 年）时期的东罗马金币；2000 年，又在都兰县香日德镇以东 3 km 处的沟里乡牧草村的吐谷浑墓地中发现 1 枚东罗马帝国迪奥多西斯二世（公元 408—450 年）时期的索里德斯金币。

图 4-5　新石器时代晚期亚洲三大文化圈示意图（李旻，2017）

图 4-6　波斯萨珊王朝卑路斯（公元
457—482 年）银币

热水墓群是吐蕃时期分布在高原北部的重要遗存。2018年3月，公安部门破获了都兰县热水大墓盗掘案，追回646件涉案文物，包括许多与丝绸之路相关的精美域外文物。其中有一件大象金牌，图案纹饰为一头大象，金牌制作精细，比例匀称，动物形象栩栩如生（图4-7）。大象是一种典型的生活在热带地区的大型动物，目前在亚洲主要分布在东南亚、南亚。在上述地区驯象是一个古老行当，唐代高僧玄奘在印度论经中拔得头筹，便乘坐大象，被人们所欢呼称颂，可见那时大象已经成为东南亚、南亚的重要交通工具。都兰热水墓地金牌上的大象图案，身披绣花毯，说明大象已经被人类所驯化、使用。而在青藏高原、中亚和西亚，自然环境并不适合大象生存。考虑到这里处于东西方文化交流丝绸之路青海道上，这枚吉象金牌出现在此也并不奇怪，推测该吉象金牌来自驯象活动比较普遍的南亚，因此这也是南亚地区与唐代的中国交流的实物证据。

图4-7 都兰热水墓地吉象金牌

沈那巨型铜矛

在青海省西宁市北部，有一个国家重点文物保护单位——沈那遗址。早在 1948 年，该遗址由考古学家裴文中先生在湟水流域调查时最早发现，是青海省发现最早的一批史前人类遗址之一。经过多次调查发现，沈那遗址文化性质比较丰富，有新石器时代马家窑文化马家窑类型（距今 5300—4500 年）、马厂类型（距今 4300—4000 年），青铜时代齐家文化（距今 4200—3600 年）与卡约文化（距今 3600—2600 年）遗存，以齐家文化遗存为主。也就是说早在距今 5000 年左右，已经有先民开始在沈那遗址生活，时断时续，到了齐家文化时期，遗址规模达到鼎盛，是青海省较大的一处齐家文化遗址，面积达到 10 万 m^2。

1991—1993 年，青海省文物考古研究所在西宁市北部的沈那遗址西侧进行发掘。发掘面积约 2000 m^2，发现了排列整齐的房址、数量较多的灰坑和窖穴、陶窑等遗迹，出土了一批齐家文化时期的骨器、石器、陶器和铜器。其中最吸引人眼球的是，此处发现了一件齐家文化时期的巨型铜矛。这件弥足珍贵的巨型铜矛，现藏于青海省博物馆。铜矛长 61.5 cm，宽 19.5 cm，铜质为红铜，整体呈阔叶状，锋部浑圆，中部两面有高 1.5 cm 的脊梁，脊梁两侧是片形翼；矛鉴较长，登上单矛有三圈箍，鉴较宽，鉴与刃部结合处有一刺钩呈倒钩曲状。

齐家文化时期是青铜时代的早期，尚处于中亚、西亚青铜制作技术与青铜制品刚刚传入中国大地的早期阶段。由于受技术、长距离传播等诸多因素的影响，齐家文化时期的青铜制品多为小件。但是这件大铜矛却大得惊人，创造了齐家文化时期青铜制品的记录。更令人瞠目结舌的是，后来经过专家的深入研究，发现这件铜矛很可能并非本地文化的产物，其文化渊源直接指向遥远的地处北亚大草原的阿尔泰与西伯利亚地区的塞伊玛—图尔宾诺文化。

塞伊玛—图尔宾诺文化是分布在亚欧草原东部的一种青铜时代文化，兴起于距今4100—3500年的阿尔泰山，随后在亚欧大陆传播，分布范围东起南西伯利亚，西经乌拉尔山直到伏尔加河，影响范围达到中国的新疆、甘肃、青海，甚至中原地区。

塞伊玛—图尔宾诺文化的典型器物包括双耳、单耳或倒钩铜矛，弧背刀，套管空首斧等（图4-8）。该文化兴起于盛产锡矿的萨彦—阿尔泰地区，青铜器基本为锡青铜（包括铜锡和铜锡砷两种），标志着真正进入了青铜时代。

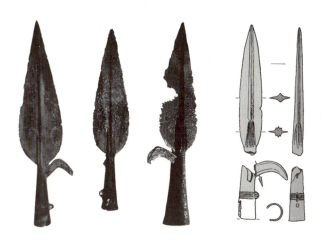

图4-8　阿尔泰地区出土的塞伊玛—图尔宾诺文化倒钩铜矛（距今4100-4000年）（林梅村，2019）

我国境内发现的16件塞伊玛—图尔宾诺文化铜矛，包括5件出土品与11件采集品。

出土品中1件出土于西宁沈那遗址，4件出土于河南淅川下王岗遗址。2008年12月，南水北调工程考古发掘中，在河南淅川下王岗遗址出土了4件铜矛，均长37 cm、宽12.5 cm，铜矛圆锋宽叶、底部带倒钩，形制与沈那遗址一致，认为该铜矛出土地层属于二里头遗址三期。因此这5件出土铜矛的年代在距今3900—3800年。

还有11件采集铜矛，分别采集于青海省大通县（1件，红铜）、辽宁省朝阳县（1件，锡青铜）、河南省南阳市（3件，1件砷青铜、2件红铜）、陕西省（1件，红铜）、山西省（2件，分别为红铜和锡青铜）、甘肃省（2件，红铜）、国家博物馆（1件，砷青铜）。

这16件铜矛大致分为两个类型：

A型：矛叶似柳叶形。銎柄与矛叶底端连接处分叉；呈"山"字脊；底端有凸平行线纹；倒钩或有或无，与塞伊玛—图尔宾诺文化典型墓葬图尔宾诺墓地与罗斯托夫卡墓地发现的铜矛特征较为一致。山西与辽宁各有一件铜予属于此种类型，推测年代偏早，可能距今4000年左右。形制与塞伊玛—图尔宾诺文化铜矛典型器物一致，不排除这2件器物可能直接来自塞伊玛—图尔宾诺文化核心区域。

B型：矛叶似阔叶形。矛叶明显加宽；矛锋更为圆钝；不见"山"字脊；矛叶中部有一突出的脊，贯穿于整个矛叶；銎柄上端一侧有倒钩；下端有三条平行线凸纹；一侧有系环。已发现的16件铜予中，有14件属于该类型。该类型尽管总体上属于塞伊玛—图尔宾诺文化铜矛，但与典型器型有一定差异，表现在典型器型倒钩与单耳位于同一侧，而B型分别位于主体两侧。其次，我国发现的B型较该文化典型器型更宽。此外，典型器型箭端呈双股叉状，而B型箭端没有双股叉。这说明B型铜矛已经对典型器型进行改造，可能来自塞伊玛—图尔宾诺文化影响区域。推测B型铜矛年代偏晚，在距今3900—3700年（图4-9）（林梅村，2019）。

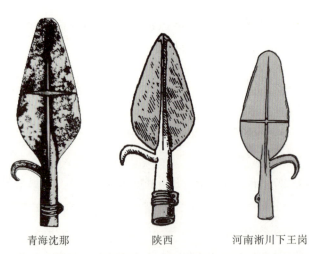

青海沈那　　　　陕西　　　　河南淅川下王岗

图4-9　中国部分地区出土的塞伊玛—图尔宾诺文化铜矛（林梅村，2019）

无独有偶,1993年大通县塑北乡永丰村村民在河道取沙时发现一件铜矛(图4-10),在河道周围就分布有齐家文化遗址。该铜矛长 34.2 cm,宽 11.4 cm,矛中部有脊,矛叶上部有损,为单范制作,整体形制与沈那铜矛基本一致。二者都分布在同一地理单元北川河流域,距离较近,形制类似,暗示二者的时期与来源可能大体一致。

沈那遗址最值得关注的地方是它的地理位置非常特殊,分布在湟水河与其支流北川河交汇处,在河流的三级阶地这一高高的台地上。在这里可以俯瞰西宁市全貌,真可谓是西宁市的制高点之一。从这里沿着湟水河而上就是 109 国道,进而可以进入青藏高原腹地;沿着

大通铜矛

沈那铜矛

图 4-10　北川河流域发现的 2 件塞伊玛—图尔宾诺文化铜矛

北川河北进则是 227 国道,直接进入河西走廊张掖等地,因此这里是枢纽之地,交通位置非常重要。再联系到大通的铜矛,可以明了塞伊玛—图尔宾诺文化铜矛何以出现在青海省北川河流域。总体而言,塞伊玛—图尔宾诺文化核心区在北亚大草原,而沿北川河北上,正是青海省通向河西走廊,乃至新疆与北亚大草原的通道,与 227 国道走向也大致吻合。如此说来,在北川河一带发现的塞伊玛—图尔宾诺文化大铜矛,也绝非偶然,它说明齐家文化时期,河湟谷地齐家文化与北亚大草原塞伊玛—图尔宾诺文化有千丝万缕的联系。

河湟谷地齐家文化与北亚大草原塞伊玛—图尔宾诺文化在空间上并不接壤,而且相距遥远。那么齐家文化是如何与远在万里之遥的塞伊玛—图尔宾诺文化进行联系的?显然这种联系可能是间接的,需要借助中传手,那么二者之间是否存在这种文化与人员、物质、技术交流的中传手呢?答案显然是肯定的。齐家文化时代,河西走廊分布有四坝文化。四坝文化的源头可能来自河湟谷地的马家窑文化马厂类型,与"故乡"的齐家文化联

系非常紧密。而四坝文化又与新疆东部文化相接壤，新疆史前文化分布区的北边就是塞伊玛—图尔宾诺文化分布区（表4-1，图4-11）。这么来看，沈那遗址这件巨型铜矛可真是跨越了千山万水，途中历经了种种不同的文化，不同的人群，翻山越岭来到了河湟谷地，这里最终成为它的家园。

表4-1　中国西北与亚欧大草原考古文化年表（刘莉等，2017）

考古学文化	年代（距今年）	分布区域
夏家店下层文化	4000—3400	西辽河流域
朱开沟文化	4000—3400	河套地区
齐家文化	4200—3600	黄土高原西部、青藏高原东部
四坝文化	3900—3400	河西走廊
新疆东部文化	4000—3550	新疆天山南北麓
阿凡纳谢沃文化	5300/5200—4600/4400	西伯利亚南部
奥库涅夫文化	4500—3600	叶尼塞河中游的米努辛斯克盆地
塞伊玛—图尔宾诺/安德罗诺沃文化	4100—3500	西西伯利亚和东欧平原（亚欧大草原）
卡拉苏克文化	3600—2700	从咸海、窝瓦河一带到叶尼塞河上游

图4-11　中国北方及其相邻地区的青铜文化

第四辑　贯通东西

玉石之路

众所周知，中国是崇尚玉的国度，玉是中华文明重要的文化符号之一。目前资料证实，在我国北方，早在新石器时代早期，东北地区的兴隆洼文化便开始制作与使用玉器，并延续至红山文化，出现了中华早期文明的重要标志"玉环龙""玉猪龙"等典型玉器。而在中国南方，良渚文化中有非常发达的玉琮、玉璧等玉器。良渚文化构造了一套玉器系统，包括琮、璧、钺、冠状饰、三叉形器、玉璜、锥形器，许多玉器上雕刻有神徽图案，这些玉器并无实际生产生活用途，其存在都指向早期的礼器。

距今4300年的良渚文化在环太湖地区衰落，但是在中国其他地区还能看到良渚玉器使用的影子，良渚文化对周边文化的影响，在其兴盛阶段已经产生。以玉琮为例，北方地区龙山文化开始出现玉琮，而且一些玉琮几乎与良渚文化玉琮难以区分。例如，山东五莲县潮河镇丹土遗址出土的龙山文化玉琮，几乎与良渚文化玉琮风格一致，显然中国北方龙山文化玉琮直接来源于良渚文化。陕西芦山峁遗址出土的玉琮，从造型与神兽图案来看，就是良渚文化风格，但是横刻阴线则明显具有龙山文化玉器的特点。此外玉质也与良渚玉器有所不同，玉质硬度更高且玉质更好。这是因为龙山文化地处中国北方，与中国西北相毗邻，而西北地区蕴藏有丰富的优质玉矿。

4000年前，良渚文化已经消失，但良渚文化崇尚玉器的习俗却被保留下来，而且继承者是相距良渚文化千里之遥的齐家文化（距今4200—3600年）。二者可以说是，远隔千里，南棹北辕。良渚文化身处繁花似锦的东南，齐家文化位于满目苍凉的黄土高原与青藏高原，但就是地处中国西北一隅的齐家文化，却很好地继承了良渚文化的衣钵。但是它的师父是龙山文化，良渚文化应该算是祖师爷。中国西北地区，在4000年前是马家窑文化，彩陶发达，钟情于用绿松石，一般做些装饰品与小工具，却对玉石使用不多（本文所述的玉为辉石类及透闪石—阳起石一类的软玉）。齐家文化崛起后，随之而来的是突然出现了大量礼器性质的玉器，真是犹如雨后春笋，而且也继承了龙山玉琮的制作特点，追求简约与朴实。所做玉琮几乎素面无纹，而用料却非常考究，甚至有不少来自新疆的和田玉，地处河西走廊的马鬃山用料也较为普遍。由于玉质较好，再加之西北地区土壤为碱性土，水蚀轻微，埋藏条件较好，因此钙化程度较轻微，出土后仍然艳丽无比，光泽如新。

从此可以看到，新石器时代玉器的使用主要在中国东部与中原地区，比如距今4000年前后，陕北的石峁遗址、陕西的陶寺遗址都有大量制作精美的玉器，并且呈现从中国东部向腹地扩散的态势。玉器使用地域范围愈来愈大，玉器数量愈来愈多，但是这些地区玉料硬度和质地却不够好。而中国西部地区却蕴藏有丰富的优质玉料矿藏，因此就出现对西部地区玉料的开采，并向中原和东部地区输送的情况，玉石之路应运而生。

西部地区玉矿分布非常广泛，那么西部哪些地方会是4000年前的玉矿开采地呢？近些年来，在河西走廊发现几处古代玉矿遗址，包括旱峡玉矿遗址、马鬃山径保尔草场、寒窑子草场等。其中旱峡玉矿遗址是河西走廊目前发现开采较早的玉矿遗址，从齐家文化—西城驿文化时期（距今4000—3700年）开始开采，一直持续到后期的骟马文化（距今2000余年），说明该玉矿开采历史早，开采持续时间长，从青铜时代一直持续到历史时期。该玉矿遗址位于敦煌市东南三危山后山，西北方向距敦煌市约68 km。遗址东西约3000 m、南北约1000 m，面积约3 km^2。玉矿矿脉三条，发现与开采玉矿相关的矿坑、岗哨、房址等各类地表遗存188处。

经过发掘，发现采玉聚落址主要由防御区、采矿区、选料区三部分组成，具有明显的功能分区。大致来看，山体中部是矿坑，矿坑多为顺山体开采形成的近圆形、椭圆形和不规则形的浅坑，口大底小，矿坑周边堆积大量的石料（图4-12）；防御性岗哨位于山顶；房址、选料区多位于山麓的缓坡上，并且分布有底部房址和选料区（图4-13，图4-14）。

遗址内发现陶器和石器等，陶器主要为生活用器，石器多用于采矿与选料的工具，如石锤、砺石；也有少量的生活用具，如石刀、纺轮。玉料主要矿物为透闪石（图 4-15），其品质较好（玉质好的玉料一般透闪石含量达到 95% 以上）。玉料具有柱状变晶结构—纤维交织结构，其中柱状变晶结构和纤维交织结构混杂出现者常见。玉料的折射率为 1.61~1.62，致密细腻玉料的透闪石颗粒在 5~20 μm，平均相对密度在 2.95 左右（甘肃省文物考古研究所公众号，2020）。

图 4-12　敦煌旱峡玉矿遗址矿坑
（甘肃省文物考古研究所公众号，2020）

图 4-13　敦煌旱峡玉矿遗址岗哨、矿坑、选料区
（甘肃省文物考古研究所公众号，2020）

图 4-14　敦煌旱峡玉矿遗址半地穴式房屋
（甘肃省文物考古研究所公众号，2020）

图 4-15　敦煌旱峡玉矿遗址出土的玉料
（甘肃省文物考古研究所公众号，2020）

在甘肃省肃北县马鬃山发现了玉矿开采遗址，也发现了浅坑、深井和沟槽等各类古代露天矿坑226处。这处早期玉矿遗址是由防御区、采矿区、选料作坊区等组成的。地表有各类砺石、玉料、废石料等，看得出玉料开采后，还要经过挑选等多道工序。地表还发现了陶片、玉料、兽骨、铜器、石块等，陶片反映出的时代从四坝文化（距今3900—3400年）开始一直延续到汉代，而且从早期到晚期陶片数量依次增多，也反映出玉矿最早开采自距今3000余年，从早到晚玉矿开发强度逐渐增大。河西走廊的四坝文化大致与齐家文化同期，齐家文化分布在四坝文化的东南方向，范围非常广，涵盖了河西走廊的东部、青藏高原东北部、黄土高原西部等地域。地理位置的毗邻，使得齐家文化及其分布区成为西玉东输的重要传媒和通道，向东输送玉料至中原龙山文化等地区。除此之外，甘肃省定西市临洮县马衔山玉矿，也可能是齐家文化时代另外一个重要的玉矿来源地。齐家文化及周边区域分布有不少玉石资源，有人指出齐家、石峁、龙山、陶寺等史前文化遗址，以及商周、春秋战国、汉代玉器的原料主要或部分来自甘肃玉矿。历史文献对此也有记载，比如《管子》中记录有"玉出于禺氏之旁山""至于尧舜之王，所以化海内者，北用禺氏之玉"，禺氏就是月氏部落，它的活动地域恰好就在河西走廊一带，包括了玉矿所在地马鬃山。从记载中可以看到，在距今4000年前后，中原可能已经开始利用河西走廊的玉石资源，有研究表明，山西下靳遗址的玉器玉料来自敦煌旱峡玉矿。

当然齐家文化本身也是使用玉器的大户，很多优质玉料来自河西走廊（图4-16），甚至不排除有来自新疆和田的玉料。甘肃省静宁县直线刻工的齐家文化大青玉琮以及积石山县新庄坪遗址的齐家文化白玉琮，玉质优良，非常接近和田玉；河南省安阳市的商代殷墟妇好大墓中的玉器玉料可能属于新疆和田玉。当然甘肃中部的临洮县峡口镇北马衔山玉矿遗址也

图4-16　齐家文化玉器
[a.玉璧（玉料可能来自河西走廊）；b.玉琮（玉料来自中国西部）]

可能是齐家文化玉矿的来源地之一。齐家文化和同时代的中原龙山文化，大量使用的玉石很多来自齐家文化分布区。有些优质玉料来自齐家文化之外，包括河西走廊，甚至新疆和田。对玉料的研究表明，齐家文化透闪石玉料使用较为广泛，可谓是"近水楼台先得月"。中原在商代晚期，透闪石玉料的使用比例有了较大提高，出现了一些有典型新疆玉料、甘肃玉料特征的玉器。研究证据表明从早期至晚期，玉石之路逐渐形成，愈来愈成熟，线路增长，运输能力愈来愈强，交流日渐频繁。

当然来自西部的玉石不仅源源不断地运向中原，也有不少供给青藏高原。例如，青海喇家遗址属于齐家文化遗址，其中发现的一些玉器、玉料则属于周边区域。

那么玉石之路的路线究竟是怎么样的呢？玉石之路主干线大致起自河西走廊西端，最早经营者应该是齐家文化先民。通过齐家文化分布区向北可以到达黄土高原，比如陕北神木的石峁遗址等；向东则可以抵达中原二里头，乃至后期的殷墟。显然齐家文化先民是早期玉石之路的忠实开发者，齐家文化分布区则是玉石之路的重要枢纽与纽带。当然随着之后对玉石优质原料需求的不断扩大，玉石之路不会仅仅满足于一条，可能会出现多条并行的局面。

我们可以推测这些玉石之路，皆以优质玉料产地河西走廊的西端、甚至不排除以昆仑山下的和田为起点（图4-17）：一路是为北线"草原道"主干线，这是对应着史前"青铜东传之路"而来的经典路线之一；中线为河西—河套线，这也是彩陶西播、青铜东传和玉器西传、玉料东输相交汇的主干线；南线是古陶器东西交流的古"青海道"，河湟谷地沿途有众多古文化遗址，这也是伴随史前"彩陶西传之路"而来的经典路线之一。

此外，青藏高原内部可能也存在玉石之路，比如青海喇家遗址发现的优质玉料玉器，也有可能是取道昆仑山北麓，沿柴达木盆地南缘格尔木—诺木洪—香日德—茶卡—共和盆地到达河湟谷地的。高原史前玉器主要分布在河湟谷地。除此之外，高原腹地也发现了一些史前玉器使用地点，在西藏昌都卡若遗址发现了玉制的凿、锛和镞等；拉萨曲贡遗址发现了玉锛、玉凿和玉镞共6件。这两处遗址都是以小型玉制工具为主，形制与技法类似，与青藏高原东北部的马家窑文化、齐家文化类似，地域上也有一定关联。因此学者推测，高原内部的史前玉器用途与技术是在甘青地区的史前文化影响下出现的，二者之间存在密切关系。据此，玉石之路在高原内部还可能存在从河湟谷地经过横断山脉的藏彝大走廊，再经雅鲁藏布江河谷传入高原腹地的路径。无论如何，河湟谷地也是一个重要的玉石加工与玉文化传播的重要枢纽地带。

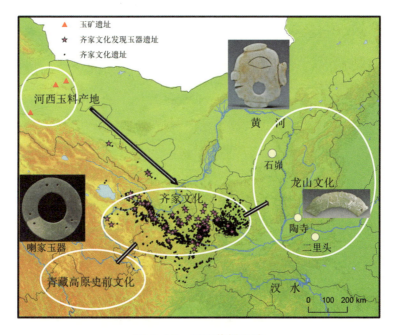

图 4-17 玉石传播之路

琮行天下

一、初看玉琮

琮，看到这一汉字，"cóng"，一道浑厚的声音从口中溢出，是的，这个汉字读音同"从"。它的出现依赖于一件国之重器——玉琮，其外方、内圆、中空的复杂造型透露出早期人类对宇宙万物至理的认识。外部棱角分明的四方体构成了琮体，上端和下端的空心内圆柱体称为射，因而被分为"上射""下射"。简单来说，琮形式简单古朴，主要由两部分构成，其外是一个四四方方的长方体，其内是一个中间掏空的圆柱体，两者嵌合在一起就组成了所谓的"玉琮"，偶尔也可能会出现无射琮。

自古以来，玉琮被赋予权力，深受掌权者的厚爱。乾隆帝曾对玉琮爱不释手（图4-18），并且在一块玉琮上阴刻乾隆御题诗一首：

辋头于古不为重，重以历今千百年。
物亦当前弗称宝，人应逮后乃知贤。

图4-18　玉琮

试看血土经沈浸，已阅沧桑几变迁。

张释之言真可省，拈毫欲咏意犁然。

从字里行间可以看出，乾隆帝深知此物为远古之物，将其称之为车之辋头。他认为此物的重要性在当时可能被世人忽略，但历尽千百年沧海桑田的洗礼终被后人所追捧。此外还用来比喻人才用在当下，如智者已离去，才明白他的贤能，那就为时已晚了。乾隆帝当时推断玉琮年代可能是汉代之物。但此次皇帝失算了，此乃上古时期良渚文化中的器物，年代比汉代还早 2000 余年。他对玉琮非常喜爱，并且为之做一珐琅铜胆，用作香熏之物。此琮制作精致，纹饰流畅，在其四壁绘有上古纹饰。但由于琮上纹饰过于精细，如不留意或难以辨认，乾隆帝也忽略了其本来的图案，竟将琮体中空的内壁重新打磨，刻了诗文，诗文行间与琮体的原有图案颠倒。玉琮后来才慢慢走进了近现代人的视野。

二、源与始

截至目前，世界上最早的玉琮在 1979 年出土于安徽省潜山县的薛家岗遗址，其年代大约距今 5100 年。该玉琮高 2.2 cm、宽 1.7 cm、孔径 0.9 cm（图 4-19）；玉料为透闪石玉，流露出鸡骨白色的光泽，制作精美；器型整体比较矮小，近似方柱形，内圆外方，中间对钻一孔为主要特征。器物虽小但也无法掩饰它高超的制作工艺，无愧为"中国第一玉琮"。此器同时出土了两件，两件玉琮形制基本相同，令人惊喜的是琮体已经出现分节的特征，显示出一定的复杂性，有可能这不是玉琮的原始形态。

在长江下游的薛家岗文化（距今 5500—4800 年）区域也发现了玉琮的身影，主要分布于长江下游的鄂东南、皖南地区及长江北岸的冲积平原上。考古工作中发现，此区域的石器与玉石加工制造较为发达，约有 1/3 的玉器用于陪葬，但器型并不丰富；发现了数量较多的石器，类型主要以刀、钺、锛为主，其中大部分石刀为多孔，钻孔数量以 3~7 孔多见，多为奇数，这与在中国其他地域上发现的石器孔洞数不谋而合。通过研究发现薛家岗文化的农业生产模式与北方有显著差异，此区域的古人类主要从事稻作农业生产，而北方则以种植粟、黍为主。此外发现的陶器和石器、生活和生产方式，都与东部年代较早的马家浜文化类似。因此推测他们可能是马家浜文化西迁的一支地方文化，与当地屈家岭文化及土著文化相融合，而产生的一种新的地域文化，这就是最早的玉琮出现的文化背景。

图 4-19　薛家岗玉琮

三、鼎盛年华

玉琮的诞生是玉文化发展的一个标志性阶段，随着时代的推移其迅速走向鼎盛，而良渚文化（距今5300—4300年）就是玉琮最为鼎盛的时期。由于史前人类生产力水平低下，良渚玉琮材料的选择也采用就近取材的原则，以江浙一带的地方玉石为主要材料。这里的玉料质地较软，颜色以青黄色居多，由于玉质密度与硬度较低，埋入地下后长时间受含水量较高的酸性土壤腐蚀，出土时多已经发生变化，呈乳白色。良渚玉琮琮体切割非常规整，中孔为管钻对钻而成，琮体一般早期较矮，分为2节，晚期则变高，有的多达数节。多数琮体往往以四方体的四个角线为中心，在四角处用细阴纹刻兽面纹、神人纹和云雷纹等精细的纹饰，刻线细若发丝，做工极为复杂。1986年，浙江杭州反山遗址出土了良渚文化中最大的玉琮（图4-20），高8.8 cm、宽17.1~17.6 cm、孔径4.9 cm、重约6.5 kg，因为个头较大，纹饰精美，故有"玉琮王"之称，它的时代约为距今5000年的良渚文化早中期。

只见这件玉琮四面竖槽内上下布列神人兽面图案，后世称之为良渚人的"神徽",浅浮雕式图案给人展示出神人头戴羽冠,脸上充斥着威严与狰狞,圆眼重圈、宽鼻,用弧线勾出鼻梁,嘴露出两排平齐的牙齿。绝美的阴线刻画出神人的四肢,上肢钳子形状充满了力量,似乎在紧紧控制着下伏的神兽。神兽蹲伏其下,数条阴线勾出圆大而突出的眼睛,与面目狰狞的神人形成了鲜明的对比。神兽更多的是体现出一缕温顺,正是这些温顺衬托出了神人的法力强大。神人具有控制一切的力量,是早期巫师与大祭司二者的结合。两侧又各线刻一形体夸张的"神鸟"图案。这种神人、兽面和鸟纹的组合纹饰,在同类玉琮中具有典型的代表性。良渚玉器以体

图 4-20　出土玉琮王的反山 12 号墓地
（注：玉琮王为最大者,出现在头部）

大著称,对称均衡、深沉严谨,以浅浮雕装饰手法见长,尤其线刻技艺,后世几乎难以企及。玉琮王出土时,平整地放置在反山遗址第 12 号墓地墓主头骨的左下方,它个头硕大、制作精细、技术高超、纹饰复杂,可谓鬼斧神工,是良渚文化玉器的巅峰之作,也是当之无愧的国宝,因此被国家列为 64 件禁止出国的文物之一（图 4-21,图 4-22）。

图 4-21　良渚玉琮王

图 4-22　玉琮王神人兽面细节

众所周知，玉琮并不是生活实用的器具，而是人们精神世界的物质性表现。玉琮的出现离不开复杂的社会组织和高超的制作工艺，它是当时社会生产力发展的标志，因此良渚玉琮王的出现必然有其深刻的社会背景。良渚古城规模宏大，整体分为三部分（图4-23）：中心为人工堆积的630 m×450 m的长方形土台宫殿区，堆积厚度2~12 m不等，工程量达到2.28×10^6 m³，是4000年前全世界规模最大的土方工程，可谓是史前的超级工程；第二层为城区，面积约3×10^6 m²，四周有高耸的城墙，城内水道阡陌，其河道宽度介于10~50 m之间，深度2~4 m，合计总长度约31.5 km，构成了城内完整且错综复杂的水路交通系统，城墙设有9个大门，仅有一个门为陆路；最外层为面积约8×10^6 m²的外郭所环绕，堆筑高度也由内而外呈现出明显的变矮趋势，显示出极为明显的等级差异。这种宫殿、城、外郭的三重结构体系，开创了中国最早的三环城市结构（图4-23，图4-24）。此后龙山文化的神木石峁古城、陶寺遗址、夏代的二里头遗址等都与此结构类似。距今5000年的良渚古城一直保持着东亚规模最大的城池的地位，直到商代郑州古城的发现，才被超越。古城外围则是一片广阔的区域，可能用于发展稻作种植。良渚古城的核心地带的水利设施规模也极为宏大，而外围郊区总占地面积达到100 km²。古城北部水利设施依然留有遗迹（图4-25，图4-26），这个水利设施的主要功能可能是防洪、运输、灌溉等诸多方面。

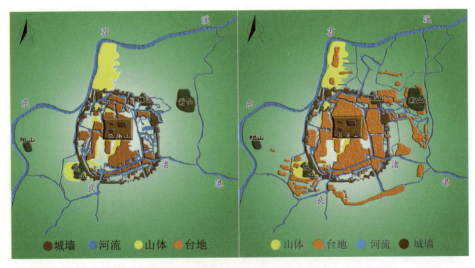

图4-23　良渚古城早期与晚期（刘斌等，2017）

其宏大的场面依然清晰可辨，令人叹为观止。塘山长堤也位于古城北侧，其建筑则以草裹泥堆砌而成，总长达 5 km、宽 20~50 m、相对高 2~7 m。整个水坝系统的建设中人工堆筑土方量达 2.88×10^6 m³，仅塘山长堤堆筑土方量就达 1.98×10^6 m³，这是同时期世界上规模最大的水坝系统与公共工程。

图 4-24　良渚古城核心区——莫角山宫殿区（刘斌等，2017）

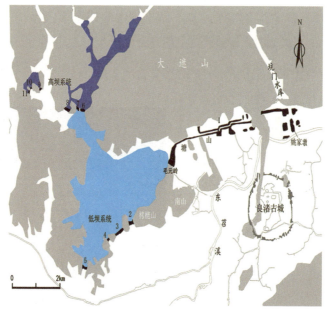

图 4-25　良渚古城外的水利系统（1~5 为低坝系统，6~8 为高坝系统）（刘斌等，2017）

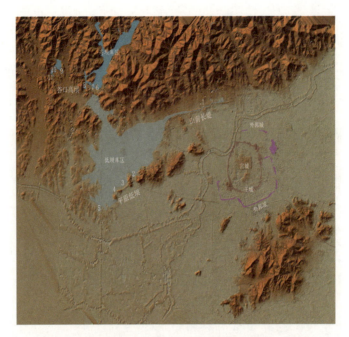

图 4-26 高低坝形成的水库区重建图（刘斌等，2017）

此外在良渚古城西北部留有一处与天文观象有关的祭坛，祭坛由内而外形成红土台、灰土框和砾石台面三重结构。边上建有石头护坡，祭坛顶部平整，在顶上以挖沟填筑的方式，做出规则的回字形灰土框（图4-27）。令人惊讶的是，春分日、秋分日的太阳恰好从祭坛的正东方升起，冬至日太阳从祭坛东南角升起，夏至日太阳从祭坛东北角升起。显然日出的方向

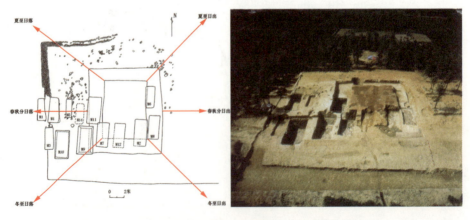

图 4-27 祭坛与日出日落及权贵墓地（刘斌等，2017）

与祭坛的方位密切相关，这提示了太阳的周年回归运动，此处具有早期的天文观测场地的性质。至于祭坛的原始形态，我们可以从良渚玉器的纹饰上有所了解。祭坛台顶供奉有鸟等图腾，台子四壁可能雕刻有太阳纹饰，呈四四方方的高台，台子上呈金字塔形。而在中国古代传统中，鸟与太阳是天然组合，这种组合就是指示太阳以及太阳神（图 4-28）。联想到祭坛与玉琮的高度相似性，推测玉琮就是一个微缩的祭坛，因此玉琮在良渚时期就是祭祀的必要工具。不排除玉琮也曾被放置在高台上，其既可以指示方向，又能追踪太阳，甚至在祭祀时也可以上通神灵。

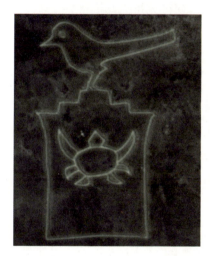 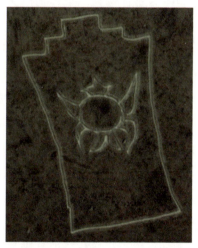

图 4-28　良渚部分玉器上的祭坛图案

当然，良渚文化创造了一整套玉器系统，包括璧、琮、钺、玉璜、冠状饰、三叉形器、锥形器等典型器物。不同的玉器雕刻有不同的神徽图案。玉器系统与其神徽图案在良渚文化的纹饰上表现高度相似，故而可推测出在当时的良渚文化活动区域内，已出现了较为统一的、复杂的、不同层级的文化信仰。它们以庞大的城市聚落为活动空间，大规模的人口集聚为基础，以发达的水稻农业为保障，以发达的手工制作为技术，以精美的玉器制作为载体，构建了以神王信仰为体系，通过巫师作法和祭祀，传达神灵旨意，将彼此联系与组织起来，体现出了高度的凝聚力、向心力，进而完成了当时世界上屈指可数的水利、城市、交通等超级工程建设。这样巨大的工程，需要一个强有力的国家做支撑。从这个意义上来说，良渚是东亚地区最早的国家，良渚古国表现出的巨大创造力，不亚于当时世界其他地区的文明。因此推测中国朝代最早创立者不是大禹，而是已经泯灭在历史长河中的良渚王。由于良渚文化的重大发现，中华文明上下五千年才有了生命力，才有了更为强大的实物证据。要知道大禹如果真实存在，也仅有距今4000年左右的历史，但大禹的存在缺少诸多考古实物证据，因此时常被人质疑。而良渚文化的存在却有铁一般的考古实物证据，这些丰富的文物与遗迹，其说服力远远大于传说。

令人遗憾的是，4300年前，年复一年的洪涝灾害冲毁了灿烂的良渚文化，良渚文化就此突然消失在地层之中，变得无影无踪。

四、传承与延续

良渚文化虽然在环太湖地区消失，但良渚文化对周边文化的影响仍然存在。在中国史前文化的发展中依然能看到良渚文化的影子，因为在良渚文化兴盛阶段对其周边的史前文化已经形成辐射与影响。北方地区龙山文化开始出现玉琮，例如，山东省日照市五莲县潮河镇丹土遗址出土的龙山文化玉琮，几乎与良渚文化玉琮风格一致，而且一些玉琮的精美程度与良渚文化玉琮别无二致，显然，中国北方龙山文化玉琮直接来源于良渚文化（图4-29）。陕西省延安市宝塔区芦山峁遗址出土的玉琮，从造型与神兽图案来看，也是极为典型的良渚文化风格，但是横刻阴线则明显具有龙山文化玉器的特点。只不过龙山地区位于我国北方，毗邻中国西北部，蕴藏有丰富的优质玉矿，而龙山地区的社会网络足以满足从西北地区获得美玉，因此龙山玉器玉质也

图4-29 与良渚文化玉琮（左）风格类似的龙山文化玉琮（右）

与良渚玉器有所不同，前者玉质硬度更高且玉质更好。但是陕西芦山峁遗址出土的这件玉琮，整体风格几乎照搬了良渚文化玉琮的形与神，并采用了不同的玉质材料，在制作技艺上比原有的良渚文化更胜一筹，可以说是兼备了良渚文化与龙山文化的诸多特点（图4-30，图4-31）。

随着时代的发展，龙山文化在吸收良渚文化的同时，玉琮的制作工艺也开始发生变化。龙山文化玉琮，抛弃了良渚文化玉琮繁缛精细的刻画图案，从造型到纹饰线条更加注重简单与朴素，向着简朴的方向发展。龙山文化早期的玉琮已经可以看到这种发展趋势，后世又将其发扬光大，特点愈加显著（图4-32）。

图4-30　良渚反山遗址出土的玉琮

图4-31　芦山峁遗址出土的玉琮

从良渚文化到龙山文化再到齐家文化,玉器作为祭祀礼器的基本功能一直在持续,不过到齐家文化时期,玉器已经较良渚文化玉器发生了不小的变化,比如在使用上缺乏严格的规范,出现礼玉与工具等并存的现象(图4-33)。从器型上看玉琮比重减少,玉璧更为普遍,出现的三璜合璧等新器物形式,说明玉器的功能正在泛化,玉器使用更普遍,已经不像先前那么严格。

图 4-32 龙山文化早期简约风格的玉琮

图 4-33 齐家文化玉琮

(甘肃省静宁县治平乡后柳沟村出土)

五、泽润后世

商周时期,玉琮的身影逐渐失去了原有的光环。这一时期玉琮虽然继承了齐家文化的风格,多光素无纹,形体普遍较矮小,中孔较大。玉琮切割规整,琮体较新石器时代的更薄。直到周代,玉琮在文献上有了更加详细的记载,如在《周礼》中写到:"以玉作六器,以礼天地四方,以苍璧礼天,以黄琮礼地。"郑玄注解:"外八方象地之形,中虚圆,以应无穷,象地之德,故以祭地。"周代玉琮的主要功能仍然是礼器,但是在一些墓葬中也开始发现玉琮的身影,这就意味着玉琮的功能逐渐发生了改变。春秋战国时期玉琮的造型与西周类似,形体较小,战国时期部分玉琮刻有细致的勾云纹、兽面纹等纹饰。但从西周至汉代,玉琮的礼仪与宗教功能不断弱化,殓葬用途的比例不断加大。这说明随着王权不断巩固,神权不断弱化,玉琮的功能与地位也不断下降。大家似乎不再热衷于对玉琮的追求了，汉代时玉琮就退出了历史舞台，逐渐销声匿迹，直到近现代才被重新发现与研究。

目前，根据玉琮的形制，大家推测，"方"象征着大地，"圆"象征着天，琮具有方圆，正是象征天地的贯穿，它可能包含了先民对天地的认识，以及原始的哲学观念，是原始先民"天圆地方"宇宙观的体现。虽然玉琮在汉代已经退出历史舞台，但是玉琮在中国早期文明的演进、国家起源与形成中发挥了不可估量的作用，是史前文明的重要象征。通过玉琮的传播与演变，我们可以了解中国文化的演变模式，自薛家岗遗址开始，良渚文化大放异彩，之后向北传播到中原与黄土高原的龙山文化，但它的强大影响力，并没有停止前进，远在西北地区的齐家文化也拥有它最原始的元素，这也并非最后一站，商周时期玉琮仍在继续使用，直到汉代。我们不要忘记，中华文明汇入的不仅仅是来自南方良渚文化玉琮的贡献，还有来自北方红山文化玉猪龙的涓涓细流，而正是这无数的涓涓细流，最终汇成了中华文明深厚的玉文化底蕴。小小的玉琮正是多元一体的中华文明形成的真实写照（图4-34），它向我们展示，中华文明具有强大的生命力，其生命力的源泉在于包容并兼、博采众长。

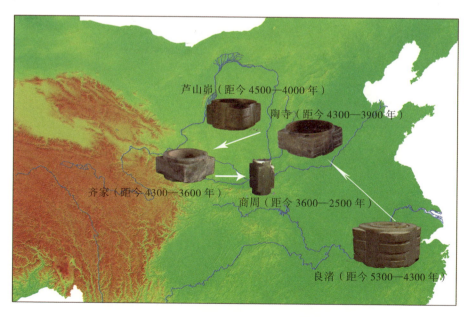

图4-34　玉琮的传播与演变路线图（刘斌等，2017）

第五辑

生生不息

青海畜牧业的产生与发展

现代青藏高原草场分布面积较大，是我国四大牧区之一。广阔的草原为发展畜牧业提供了基础与资源保障，因此青藏高原非常适合发展畜牧业。那么高原人类对动物资源是如何利用的呢？畜牧业又是如何产生、发展的呢？下面我们基于考古学发现，按照时段、技术手段来一一展开叙述。

一、考古学发现中所见的高原东北部畜牧业的产生与发展

1. 细石器时代人对动物的狩猎与驯化

早在全新世中期距今8000—6000年的细石器时代，高原上已经出现了驯养动物的活动痕迹。对河湟谷地化隆县的沙隆卡遗址进行相关遗存分析表明：先民以采集狩猎活动为主，主要捕食以鹿类为主的野生动物（乙海琳等，2020）。在青海湖畔的151遗址，发现了大量的动物骨骼，经鉴定这些动物骨骼大部分属于野生动物，但也有少量的家养狗的骨骼；大致属于同时期的贵南县拉乙亥遗址，同样出土大量的动物碎骨，经过鉴定，其种属主要有喜马拉雅旱獭、环颈雉、鼠兔、沙鼠、狐、羊（盖培等，1983）；同处于全新世早中期的青海湖江西沟2号遗址也发现不少动物碎骨，而且一些碎骨上有人为刻画痕迹，经鉴定主要为羊、羚羊、鹿、小型哺乳动物和啮齿类动物骨骼（侯光良等，2013）。这些碎骨的发现说明距今8000—6000年青海湖畔的先民主要从事狩猎采集活动，捕食鹿、羚羊、旱獭等野生动物，但是也出现了家养狗的痕迹。说起狗，大家公认其为人类最早驯化的动物，是人类最忠实的朋友，早在晚更新世时期就已被人类驯化，并成为人类狩猎的有力帮手。青海湖畔151遗址的动物骨骼鉴定，发现距今9000—6500年，高原猎人身边已经有猎狗相伴，说明很久以前，

猎狗已经随着狩猎者的脚步踏上了高原，并且一直在狩猎活动中承担着追逐猎物的重要角色。在青海省海南州贵德县仍果村发现了卡约时代的岩画，其上有猎狗逐鹿图，形象生动地再现了 3000 多年前的猎狗围捕马鹿的真实场景（图 5-1），这也说明人对动物的狩猎活动一直从旧石器时代持续至青铜时代。

图 5-1　史前猎狗逐鹿的狩猎场景

需要提及的是在全新世早中期，细石器遗存在高原分布非常广泛，因此本着以点到面的原则，从个别遗址的状况，大概可以看到高原狩猎采集的整体面貌。可以肯定的是，青藏高原史前人类生活与动物关系非常密切，整个生活中心显然是围绕动物展开的，对动物及其生存环境的熟悉，为后来畜牧业的诞生奠定了雄厚的物质基础与知识储备。

2. 新石器时代畜牧业的产生

到了距今 6000—4000 年的新石器时代，青藏高原东北部已经产生了畜牧业。河湟谷地有新石器时代仰韶文化（距今 6000—5300 年）、马家窑文化（距今 5300—4000 年）等。仰韶文化在本区分布的数量不多，动物考古工作开展较少，情况不甚明了。马家窑文化的经济形式了解得较多，主要以种植业为主，饲养猪、狗等家畜（谢端琚，2002）。青海民和核桃庄马家窑文化马家窑类型（距今5300—4500年）墓葬中发现了羊骨架（左豪瑞，2017），尽管无法确定其属于野生羊还是家养羊，但是因其发现在墓葬中，不是遗址灰坑中随意丢弃的羊骨，反映出人与羊存在密切的关系。这为探讨羊的驯化提供了可能的想象空间，也为青藏高原先秦的羌人成为"西戎牧羊人"，以牧羊为主导产业拉开了序幕。新石器时代宗日遗址（距今5000—4000年）发现了较多的动物骨骼，但是多为未驯化的狍、黄羊、鹿、野猪、旱獭等，也包含可能已驯化的牛和狗（袁靖，2010）。

3. 青铜时代畜牧业成为高原重要的经济形式

进入青铜时代，畜牧业正式确立，而且在经济生活中占有重要的地位。前期的齐家文化（距今4200—3600年），畜牧业比重开始逐渐加大，后期则广泛发现了距今3600—2000年间驯养与畜牧的证据，显示后期畜牧业成为重要的经济活动形式。本区齐家文化时期较为典型的遗址有青海互助县金禅口遗址、大通县长宁遗址、西宁市沈那遗址，发现较为普遍的驯养动物，如羊、猪、狗等牲畜种类，其中以羊为主（王倩倩等，2020）；长宁遗址则驯养有牛、羊、猪、狗，而且牛、羊的比例明显高于猪和狗，此时高原以羊、牛为主的畜牧业格局初步显现（李谅，2012）；沈那遗址出土多件骨质马镳（biāo）（马镳是连接马衔和缰绳的部分；马衔是装在马嘴里，便于驾马者控制马匹的重要物件，通常二者是连在一起的，百姓俗称马嚼子）（王玥等，2022），指示遗址里可能有较为普遍的驯马或者驾驭马的活动，这说明马已经驯化，并被人利用。而沈那遗址是一个齐家文化中晚期遗址，推测在距今3700年，地处青藏高原东缘的河湟谷地已经开始驯养马匹（图5-2，图5-3）。一般认为世界上最早的驯化马出现在5000年前的中亚哈萨克斯坦一带，大约在距今4000年从北方草原地区引入中国。这么说来，沈那遗址的家养马的驯养活动，可能来自北方大草原，考虑到沈那遗址同期出土的塞伊玛—图尔宾诺文化巨型铜矛，也属于"舶来之物"的范畴，因此齐家文化时期的沈那遗址称得上是一个贯通东西的交通重镇。来自东西方的原始物资在此汇聚交织，这里也出土了中国较早的驯马证据。这也说明齐家文化时期，东西方文化交流已经成为滚滚洪流，不仅规模大，而且涵盖范围广，不是一两样物品的简单交流，而是全方位

图 5-2 沈那遗址出土的齐家文化时期的驯马工具——马镳

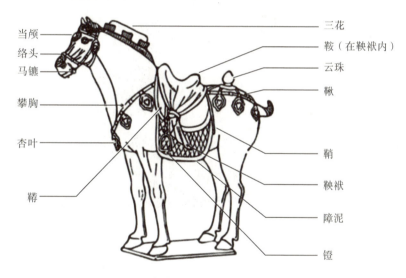

图 5-3 古代马具部件（王小明供图）

的文化接触与交流。齐家文化之后，中原地区也广泛发现马骨遗存，如在商代殷墟遗址，有大量的马和车出土，既说明马的功用主要是为作为交通工具的车辆提供动力，同时也说明其为高级殉葬品，并非一般平民所能拥有（刘羽阳，2014）。当然同时期的西北地区辛店文化（距今 3600—2600 年）中也发现了马的踪影，如辛店文化彩陶上画有马匹形象，只是此马个头比较矮小，不似来自中亚大草原那种高头大马。这让人不禁提出疑问，东亚的驯养马，是不是由当地的普氏野马直接驯化，并非从中亚"进口"而来？因为在中国北方，从旧石器时代至新石器时代，遗址里普遍发现了普氏野马的骨头，因此不排除由普氏野马驯化而来的可能；或者中亚家马引入中国时，也有可能混入了普氏野马的基因，从而产生了富有中国地域特色的家马（刘莉等，2017）。

图 5-4　西北地区辛店文化彩陶罐上的马形象

到青铜时代后期的卡约文化、辛店文化与诺木洪文化，畜牧业已经成为高原的主要经济形式。分布于青藏高原东北部的卡约文化（距今3600—2600 年），畜牧业已经比较普遍，尤其是在海拔较高的高原地区，畜牧业已经占重要地位，主要的牲畜种类有马、牛、羊、狗四种家畜（谢端琚，2002）。卡约文化墓葬中普遍出现马、牛、羊、狗、猪等家畜殉葬现象，在青海省循化撒拉族自治县托龙都阿哈特拉山地的一处墓葬中出土的羊角多达 108 件，反映出畜养羊的数量较多，可见当时羊在人们生活中的普遍性和重要性。而到了卡约文化晚期，例如湟源大华墓地和贵德山坪台墓地发现牲畜随葬的数量迅速增加,马的比重明显提高(青海省文物考古队,1987;青海省湟源县博物馆,1985),反映出畜牧业经济比重进一步加大,畜牧业可能已成为主导产业。

卡约文化的莫布拉遗址、元山遗址,在房址灶内和灰坑中发现了较多的羊粪灰烬,说明当时先民饲养着数量较多的羊(高东陆,1990)。诺木洪文化分布在青藏高原柴达木盆地,其年代约为西周至战国时期(距今2900—2100年)。诺木洪遗址里发现饲养家畜的圈栏建筑遗存——木构圈栏,栏内地面上发现大量羊粪堆积,其间还夹杂有牛、马、骆驼等牲畜粪便(谢端琚,2002)。此外,在辛店文化和卡约文化的彩陶上常见纹饰之一为羊角纹,以羊角作为氏族图腾,具有符号化、普适性和崇拜性的特点。甚至古人在一些彩陶上绘制有生动的羊纹饰(图5-5),说明在卡约文化和辛店文化时期,羊在人们生活中变得非常重要,以至于把羊角作为图腾来膜拜,也说明畜牧业已经成为人们不可或缺的经济活动。这种变化趋势在墓葬随葬品中表现最为显著。新石器时代墓葬中很少有动物随葬,但从齐家文化时期开始,动物随葬的现象日益增多,早期墓葬多随葬猪,晚期则多随葬羊。到了卡约文化时期,早期多随葬狗、羊、牛,晚期多随葬羊、马、牛。我们可以看到随葬的动物由先前的猪向羊、牛、马转变,随葬牲畜种类由单一向多样化转变,数量也由少到多,反映出高原东北部畜牧业比重不断加大,经济方式由种植业向半农半牧或畜牧业转变。

图 5-5　青铜时代彩陶羊图案

(a.辛店文化彩陶羊角纹;b.卡约文化彩陶羊图案)

卡约文化时期畜牧业地位得以确立，高海拔地区以畜牧业为主，低海拔地区则农牧兼营（谢端琚，2002）。在高原腹地，由于受自然环境条件的限制，农业难以大规模开展，那里却是发展畜牧业的天然牧场，因此青铜时代，高原腹地应该主要从事畜牧业，而且畜牧业应该是高原腹地先民的主导产业。玉树州治多县通天河流域发现了大量青铜时代晚期距今 2300—2200 年的岩画，其中不乏先民放牧的画面，有些画面显示牧人在赶着牧群，有些则是牧人骑在马上，悠然自得地放牧，俨然是一副"天苍苍，野茫茫，风吹草低见牛羊"的游牧风景（尼玛江才，2016）（图 5-6）。当然，通天河流域的青铜文化应该与高原东北部卡约文化有着密切联系，这从治多县普卡贡玛遗址出土的陶器等遗物形制可以看出。治多双大耳陶器与卡约文化晚期湟源县大华遗址陶器有异曲同工之妙，二者存在密切的渊源。此外在治多县参雄尕朔遗址从约 8000 年前就开始有细石器狩猎采集活动，在全新世中期的地层中发现细石器数量较多，在距今 2300—2200 年地层中细石器数量很少，但是动物碎骨数量却达到最大，说明这些动物并非单纯由狩猎得到，即该时期已经摆脱了石器时代的狩猎局限，进入畜牧时代，生产力水平有了很大的提高。

历史记录与考古学证据也基本吻合，商代甲骨文中多次出现"羌人"

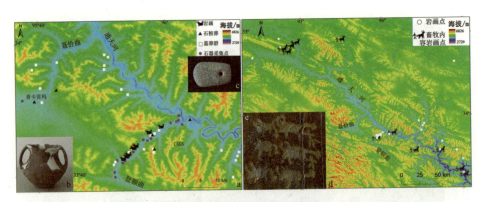

图 5-6　通天河流域考古遗存

（a. 通天河支流登额曲和聂恰曲文物遗存分布；b. 普卡贡玛石棺葬出土的陶器；c. 普卡贡玛石棺葬出土的石斧；d. 通天河流域岩画点和含畜牧内容岩画遗存；e. 含畜牧内容岩画；岩画取自尼玛江才，2016）

的记录，文献记载"羌人为西戎牧羊人"，即高原东北部生活着以牧羊为生的羌人，而且地域不同，羌种也有区别，接近中原的为"氐羌"，生活在高原的是"西羌"。

二、其他证据揭示的高原东北部畜牧业的产生与发展

近年来，自然科学技术愈来愈多地关注高原畜牧业诞生与发展的研究。对高原牦牛进行DNA分析表明：野生和家养牦牛有明显差异，追溯其分化时间约在距今7500年，而且在距今3600年驯化的牦牛种群得到了长足发展。这说明早在全新世中期，牦牛可能已经被驯化。这个时间大致是高原细石器狩猎采集活动最频繁、势力最强盛的时候。狩猎者在长期与野生牦牛的猎与被猎的关系中，熟悉了牦牛的习性，开始试着驯化野生牦牛，并获得成功。在距今3600年的青铜时代，随着气候变化与生产力水平的提高，人类对高原适应与征服能力大大提高，不再是季节性进入高原，而是终年在高原腹地活动。随之而来的是，适应高原高寒环境的牦牛有了广阔的天地，家养牦牛的数量大大增加。共和盆地孢粉研究表明，更尕海孢粉记录中的狼毒属在距今4700年开始出现，距今3000年前后含量增加，距今2000年之后数量迅速增加。狼毒属被认为很好地指示了盆地内的人类活动，并可能与畜牧活动有关。如果牲畜数量过载，草场退化，狼毒属便会趁机而入。狼毒属比例愈大，意味着草场牲畜数量愈多，过载愈严重（Huang et al., 2017）。孢粉含量指示，距今4700年共和盆地开始出现狼毒属，意味着此时放牧开始显现。距今3000年左右的青铜时代，牲畜数量明显增多，这与考古学证据指示的此时高原畜牧业地位确立不谋而合，而且随后牲畜数量持续增多，并在历史时期达到极值（图5-7）。

动物粪便中含有较多的真菌孢子，因此分析遗址中地层的真菌孢子化石数量的变化，可以提示高原畜牧业的发展历程。对青海湖江西沟2号遗址地层研究表明，早在距今5500年真菌孢子数量开始增多，意味着青海湖盆地在全新世中期可能已经开始了畜牧业。

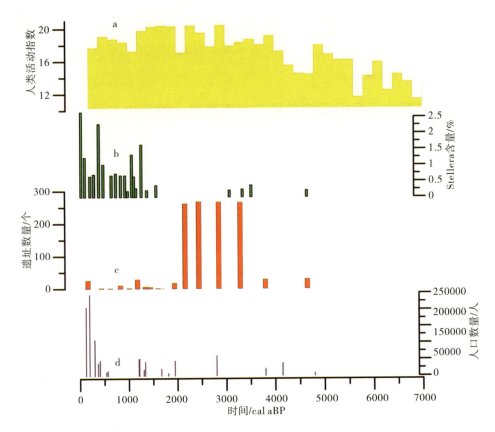

图 5-7　共和盆地更尕海狼毒属百分比与其他人类活动指标

[a.达连海人类活动指数；b.更尕海狼毒属百分比；c.共和盆地遗址数量（仅统计共和盆地内的共和、贵南和兴海县）；d.青海东部河湟谷地人口]

当然，目前的考古学证据与多学科证据还难以完全吻合，但考古学证据是实物证据，也是最有力的直接证据。考古学证据显示高原在全新世早中期细石器时代驯化的动物只有狗，到了距今 6000—4000 年新石器时代，畜养动物除了狗之外，还有猪。当时畜养的动物数量可能并不多，畜养只是种植业的补充，在经济生活中的分量并不大。距今 4000—2000 年的青铜时代，畜养动物的种类明显出现多样化，狗、猪之外，又增加了羊、牛、马等。而且，动物驯养的种类主要是羊，畜牧业的重要地位开始确立，在经济活动中比重显著增加。但多学科证据显示，动物驯养的历史要比考古学证据来得早，且一些品种很早就开始驯化（比如牦牛）。因此，在将来的工作中可以加大动物考古研究的力度，采用多学科技术综合分析不排除能发现更早高原动物驯化的证据。多学科技术是解决高原驯化与畜牧业产生这一科学问题的有效手段，同时也可以启发研究思路，开拓研究视野。

　　青藏高原分布有我国面积较为广阔的自然草地，是我国传统畜牧活动的重要区域。尤其是在青藏高原东北部，这里是史前人类活动的重要区域，从旧石器时代—新石器时代—青铜时代—历史时期，积淀了数万年的完整而丰富的文化序列，是青藏高原史前人类活动最集中的区域之一。这里畜牧业发展历史悠久，具有深刻的重要性与代表性。结合最新科技考古发现，我们较为系统地分析了青藏高原东北部先民对动物资源的利用、畜牧业的产生与发展。高原东北部史前先民对资源的利用可以追溯至旧石器时代，人类初上高原，经济活动形式为狩猎采集。野生动物成为人类获取自然资源的主要来源，狩猎使人类与动物的关系非常密切，在生产实践中积累驯化野生动物的知识储备；进入新石器时代，定居与种植促进了对家养动物的驯养，开始发展畜牧业；进入青铜时代，变干的气候与牛、羊牲畜品种的传入共同促进了畜牧业的发展，成为高原东北部重要的经济形式。

你们去哪了？——青海东部生物多样性演变

青海东部地区海拔差异大，自然环境的垂直地带性非常显著，而此处又是黄土高原与青藏高原的过渡地带，导致这里的自然环境类型多样。既然自然环境类型多，那么，生物多样性也应该相应很高。但事实并非如此，尤其是低海拔的河谷地带，生物多样性并不高。我们从考古学发现、文物、历史记录、岩画、文学作品、传记等多方面来窥探青海东部早期的植物与动物的类型与今天有什么区别，种种证据都表明，从遥远的过去到现在，青海东部的森林不断萎缩，植物丰富度逐渐下降，动物栖息地急剧缩小，不少野生动物灭绝，生物多样性明显降低。

一、青海东部自然环境现状

青海东部包括西宁市所在的河湟谷地，而河湟谷地又分为湟水谷地和黄河谷地两部分，还有祁连山地、青海湖盆地、共和盆地，我们此次论述的重点在河湟谷地。河湟谷地面积约 4.36 万 km^2，海拔 1650~5200 m，属于高原温带半干旱气候，年均气温 3℃~8℃，年均降水量 250~520 mm，属于半干旱—干旱区。黄河干流自西向东贯穿全境，并发育有支流湟水河、大通河等。

首先来看一下青海东部的植被状况。说到植物，必须要先说一下地形。以青海东部的河湟谷地为例，它的地形有什么特点呢？它是典型的河谷地，西宁市所在的湟水河，北部是达坂山，南部是拉脊山，中部是湟水河。其中，约海拔 2200 m 以下被称为河谷，西宁市所在地海拔在 2200 m，位于河谷地带。河谷地带植被不能说没有一点野生植物，但几乎全部为栽培作物，包括庄稼、蔬菜、花卉和林木等。海拔 2200~2400 m 的地带被称为小起伏中山地，相当于老百姓所说的浅山地，植被类型为半灌木草原。海拔 2400~2900 m 的地带被称为中起伏中山地，是脑山与浅山的过渡地带，该地带的植被类型为温带丛生禾草草原。海拔 2900 m 以上的地带被称为大起伏高山地，该地带植被类型为亚高山落叶阔叶灌丛。由此我们可以看到植被与地理环境密切相关（图 5-8）。这就是河湟谷地的特点，它是立体的，在地理学中称作垂直地带性。该地区垂直地带性特别显著，植被随着地形的变化在发生巨大的变化，这就是青海东部植被和地形的状况。总之，河谷地带的一、二级阶地，已经全部被人工栽培作物所替代。中山地虽然也受到一些人类活动的干扰，但中山地和高山地仍保留一定的自然植被与垂直带谱。

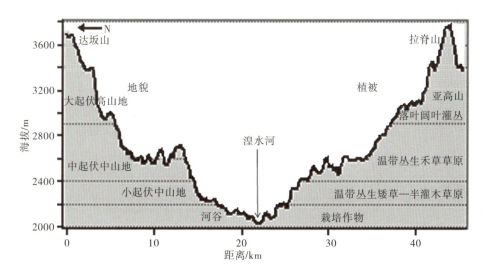

图 5-8　河湟谷地的垂直地带性

青海东部的动物分布情况怎么样呢？我们重点说一下兽类。根据动物分布情况，可以把本区分为两大部分，即河湟谷地与东祁连山地。河湟谷地是青藏高原与黄土高原的过渡地带，因此它既具有黄土高原的特点，也具有青藏高原的特点，同时成为动物迁移扩散的重要通道。本区共有兽类 5 目 16 科 29 属 40 种，兽类种类比较贫乏，区系成分特殊，是青海东部东洋界成分最丰富的地区，东洋界成分有 5 种，占本区兽类种数的 12.5%（夏霖等，2003）。按理说河湟谷地的动物种类与数量应该是比较多的，但实际情况是本区的兽类种类仍比较贫乏,区系成分与黄土高原比较相似,总体来看河湟谷地的野生动物是混合型的。

东祁连山地海拔较高,这里多样化的环境使得本地成为考察范围内兽类种类和数量最为丰富的地区之一,有 7 目 17 科 35 属 48 种,其中古北界成分丰富,占 87.5%(夏霖等,2003)。由于林地面积较大,林栖种类丰富,常见的有灰鼯鼠、复齿鼯鼠、花鼠、林跳鼠、大林姬鼠、豹猫等。这里的森林同时也是狍、马麝、白唇鹿、马鹿等有蹄类动物集中分布的区域。与河湟谷地相比,东祁连山地的兽类区系成分与青藏高原的关系更为密切,但仍具有青藏高原、黄土高原和华北地区成分相混杂的特点,尤其是高原上特有的成分在该地区较多,以高原成分为主。

现在问题来了,河湟谷地的自然环境是较好的,又是动物迁移的通道,为什么野生动物的种类如此贫乏?从地理环境来说,它刚好是青藏高原与黄土高原的过渡地带,动物应该是比较混杂的,兽类的种类也应该是比较多的。而实际情况却是东祁连山地的动物种类相较来说是比较丰富的,为什么会造成动物分布的区域差异呢?

我们先看看河湟谷地的现状,该地区主要分布有耕地、聚落与道路,是人类活动的主要集中区域,也是青藏高原水热条件相对优越的区域之一,故该区面积虽占青海省面积的 5%,但人口占青海省的 72.77%,耕地占青海省的 60%,面积达 4140 km²。种植业比重占青海省种植业的 80%,是青藏高原人口、城镇、经济活动最为密集的区域,也是农业土地利用率最高、经济发达的地区之一。河湟谷地在青海省所占据的面积虽然较小,但是青海省 10 个人里面有 7 个都住在河湟谷地,并且有 60% 的耕地也都在河湟谷地。它虽然是自然环境最好的地区之一,按理说生物多样性也应该是青藏高原最丰富的地区之一,但实际情况却是河湟谷地人类活动过于密集,造成野生动物丰富性比东祁连山地还差。

二、过去的植被情况

孢粉是反映过去植被演变的重要工具,通过研究孢粉种属的变化就可以反映当地植被的演变情况。举个例子,我们在海东市乐都区高庙盆地选了一个地层剖面进行采样研究。研究的地层剖面年代距今 3900—3700 年,鉴定地层剖面里的植物化石孢粉后发现，当时松比较多，其含量最高时已经超过60%。那么现在情况如何呢？前面我们刚刚提到，河湟谷地里几乎全部是人工栽培作物，在高庙盆地里貌似没有发现野生松。离它最近的野生松分布在距离高庙盆地40~50 km的北山公园范围内，但野生松面积非常小。再看云杉，化石孢粉中云杉的含量也较高，大概15%左右，表明距今3900年的云杉含量更高（图5-9）。根据相关理论，云杉含量超过15%，说明距离它10 km范围内可能有云杉的存在。因此从孢粉图谱来看，在距今4000年前后，距离高庙盆地不远处还是有一定的松树林、云杉林并混有桦、榆等阔叶林存在的，也有不少温性草原，整个呈现出一种针阔混交林与草原相间分布的植被状况。但是现在河湟谷地内就乔木而言，基本上都是人工栽培的杨树和柳树等，可以发现4000年前和现在树的种类是不同的。

再来看大通长宁，距离西宁市较近，约20 km。大通长宁的地层剖面中可以看到，在距今6000—5000年，松和云杉等植物还是存在的，其含量达到了20%左右，可以发现当时森林覆盖率比现在高，其植被类型为森林草原，也就是针阔混交林和草原，其后森林面积显著萎缩。另一个值得关注的是禾本科，很多粮食作物属于禾本科，例如我们食用的小麦和谷子等都属于禾本科植物。从其孢粉含量可以看到，大概在距今4600年，禾本科的含量并不高，占10%左右，但是在距今4600年以后禾本科的含量急剧升高。这意味着什么呢？给大家再举一个例子，青海师范大学的新校区在上孙家寨遗址，著名的舞蹈纹彩陶盆就出土自上孙家寨。先民到达那里并定居和种田的时间在距今4900—4600年，属于马家窑文化。禾本科含量自然波动应该在10%左右，大概在距今4600年以后突然增多，这说明禾本科的变化主要和马家窑先民活动有关，因为马家窑先民主要种植粟和黍，所以我们可以在植物的孢粉记录中观察到人类活动的影子。人类改变了自然，因此植物的种类也发生变化。通过这两个例子，从距今4000年到现在，可以看到河湟谷地的森林何以明显减少了。

考古遗址出土的木炭遗存是过去人类木材采集利用的最直接证据，通过系统的种属鉴定和显微结构分析，木炭遗存可以很好地反映过去人类对木材的采集和利用行为，进而可以为深入探讨过去人类活动对生态环境影

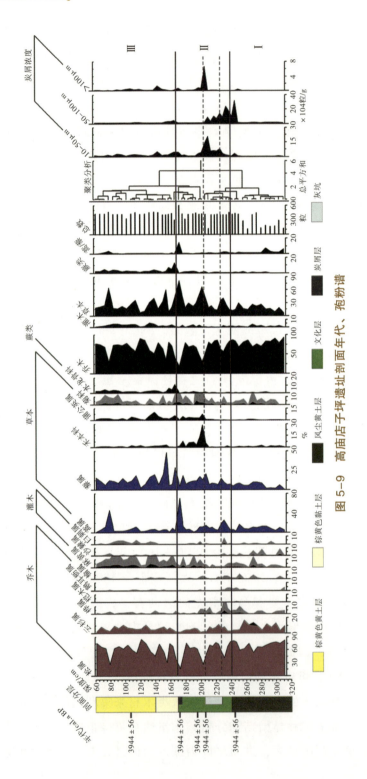

图 5-9 高庙店子坪遗址剖面年代、孢粉谱

响的方式和过程提供重要的科学依据。兰州大学的研究团队在青海东部挑选了20多个地点进行研究，时间跨度是距今5200—2300年，从文化层里面提取了大量炭屑（Liu F et al., 2022），来研究这些炭屑分别来自哪些植物。

距今5200—4000年，本地区先民主要利用的木材大部分是针叶林，这个结论和前面高庙盆地鉴定的结果很相似。还有松和云杉也很相像，阔叶林部分所占比例并不是很高。不过区域间也有差异，共和盆地沙漠遍布，当时主要利用灌木，说明当时也缺乏高大乔木。到了距今4000—3600年发生了变化，阔叶林和灌木增加，针叶林开始减少，到距今3600—2300年的青铜时代，基本以利用阔叶林为主了。从图中可以看到，距今5200—2300年，从新石器时代到青铜时代，这个地区人们利用的植被发生了变化。早期是针叶林，而到了青铜时代是阔叶林，而且阔叶林增多需要更温暖湿润的条件，人类用材的变化与气候变化不太相符（图5–10）。青藏高原过去降水最多的时段是距今八九千年，直至距今6000多年后一直在下降。因此，降水的变化无法支撑木材的变化。气温在七八千年前比较高，到距今4000年以后也是降低的。先民用的木材从针叶林转向了阔叶林，让人以为是针叶林萎缩，而阔叶林增加了。但是，从气候背景来看，实际上阔叶林没有增加，那这是怎么回事呢？

首先我们选择松来看一看。松属于针叶林，在距今5200—4000年用得多，在距今3600—2000年用得少。我们继续来看桦，桦属于阔叶林，可以看到桦早期用得少，晚期用得多，应如何解释呢？笔者可以提出这样的观点：在距今5200—4000年，此地还是保持了相对较好的原始植被，原始的自然林可能以针叶林为主。到了青铜时代阔叶林增加，原因可能是先民把周围的针叶林砍掉了，而砍掉以后针叶林在短时间内无法恢复。在这种情况下，有些先锋树种（桦）就进来了，这些树种在这样的环境下生长很快,因为它的长势快且竞争力强，成为此地的优势树种。这不代表阔叶林的面积大大增加了，而是意味着原始的针阔混交林，尤其是针叶林被大面积砍伐。因此大概在距今3000年前后，人类可能把这个地方的植被破坏得一团糟，而且很有可能把原始森林也砍伐掉了。

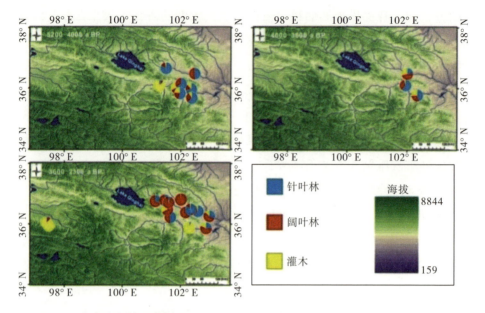

图 5-10　青海东部地区新石器时代—青铜时代遗址用材分析（Liu F et al., 2022）

　　海东市高庙镇的柳湾遗址是一个大名鼎鼎的遗址，因为此地发现了上千座史前墓葬，其中柳湾遗址发掘马厂墓葬 872 座，发现由松柏类树干做成的木质棺具达 729 座，占总数的 83.6%，并发现有桦木皮做成的箭筒。这些证据表明先民获得木材比较容易，提示遗址周围生长有一定的针阔混交林。到了齐家文化时期，发现墓葬 366 座，木质棺具有 288 座，占总数的 78.7%，独木棺的直径多为 50 cm（图 5-11），而且这些木材经过鉴定是松柏类的，这与孢粉、木炭的鉴定结果都相吻合。首先当时先民去世以后做的棺材，可能是用松木，因为附近松林很多，使用非常方便与普及，甚至有些棺材是将一个很粗的大木头直接掏空；其次证明人到这里后开始砍伐森林，用于制造生活用具、房子和生产工具等。因此大家可以发现人类对青海东部原始森林进行砍伐早在距今 5000—4000 年已经开始了。此后森林大面积萎缩，那么元凶是谁呢？人类是主要责任人，需要注意的是，在马家窑文化时期，80% 左右的墓葬里都有棺木，但是到了青铜时代，只有 10% 左右的墓葬里才有棺木，说明森林资源已经非常少且很难获得了。这也说明以前此地是有原始森林，且原始森林是以针叶林为主的，森林的面积比现在要大很多。到了青铜时代，森林面积已经很小了。发生重大改

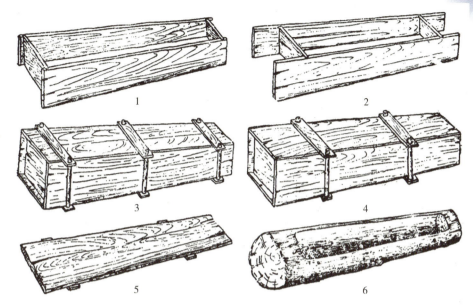

图 5-11　柳湾墓地马家窑时代的木材葬具（青海省文物管理处考古队等，1984）

变应该是在 3000 多年前，这个地区森林覆盖率开始萎缩，植被结构也发生了变化。

　　进入历史时期，有文字记载宋代有一个人叫李远，他到青唐城也就是今天的西宁城来出公差，经过河湟谷地时写了一本书，大意为：两岸都是羌人住的房子，中间有一些不连续的松篁，景色也十分秀美，好像荆楚。可见在宋代，他还能在河湟谷地里看到松（原文：夹岸皆羌人居，间以松篁，宛如荆楚。——宋代李远《青唐录》）。明代的一位诗人写的《西平赋》中写道："果则丹杏充赘，芳槿蔿横，长堤杨拂。"意思是"大家可以吃到的果子是杏，堤岸上长的是杨树。"杨树是一种先锋树种，它替代了原始的松和云杉等。到了清代乾隆年间，有人写道：湟水河流域的山头都像老头和孩子的头一样，用木材的时候不得不到远处的山去取（原文："盖湟中诸山，类皆童阜，用材时不得不取巨木于远山。"——清代《西宁府新志》），说明当时森林已经萎缩到非常远的地方了，山头都是光秃秃的，森林已经不见了，可能当时的情况尚不如现在。1934 年有一位记者到西宁采访时写道："村南大山（拉脊山）望之郁郁苍苍，乃松柏天然林也。闻彼处树粗数围，高数丈，产地周约三百余里。木商伐而编筏，放河下流，畅销他省，实占青省经济之一大来源。"（西北考察记，1934）现在来看，这真的是太可悲了。这些记录反映了两点：第一，人类真的砍伐树木了；第二，森林面积不断萎缩至脑山地带了，由此可以看到人类对自然环境的干扰非常大。如今的河湟谷地在四五千年前，可能生长着针阔混交林，而现在却是高楼林立，森林已无踪影。

三、过去青海东部动物的变化

根据对青海湖附近江西沟遗址的研究：距今8000—6000年，发现了一些动物骨骼，经鉴定有些动物属于斑羚。这说明距今8000—6000年的青海湖边是有斑羚的，而现在的青海湖边已经没有斑羚了。在上世纪七八十年代，有人曾经在贵南的木格滩里发现了斑羚，由此人们推测在兴海、囊谦森林地段可能分布有斑羚。斑羚一般生活在森林边缘，而青海湖已无森林，这也侧面证明了距今8000—6000年青海湖边是有森林的。

另外对互助北山金禅口遗址也开展了相关研究，金禅口是齐家文化遗址，距今4000年左右（王倩倩等，2021）。这里主要发现动物骨骼共计200余块（图5-12），出土动物骨骼中鹿的可鉴定标本数平均占50%以上。其中野生动物中以鹿为主，包括马鹿、梅花鹿、狍、獐、麝等大中型鹿类动物。其他的野生动物还有斑羚、岩羊、羚羊、熊、狐、貉、旱獭、野猪、中型猫科动物、鼬科和鼠类等。推测可能是人类猎食了这些动物后，丢弃了骨头。由此可以看出遗址附近动物的数量还是比较多的，互助北山自然环境较好，人类破坏也不大，过去的野生动物与现在野生动物可能不会发生太大变化。

大通长宁齐家文化遗址也发现有动物遗存，该地距离西宁市20 km，

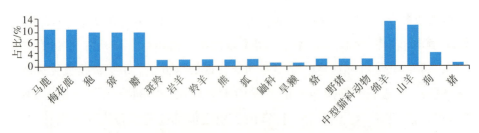

图5-12　互助北山金禅口遗址齐家文化时期动物遗存（王倩倩等，2021）

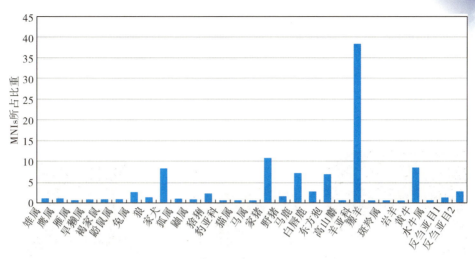

图 5-13　大通长宁齐家文化遗址动物遗存（李谅，2012）

在距今 4000—3600 年的遗址中发现了不少动物骨头，有鹰属、雁属、兔属、狼、家犬、狐属、鼬属、猞猁、豹亚科、猫属、马属、家猪、野猪、马鹿、白唇鹿、东方狍、高山麝、羊亚科、斑羚属、岩羊、黄牛、水牛属等野生动物（李谅，2012）（图 5-13）。现在的大通我们还能看见什么野生动物呢？可见 4000 年前，大通长宁的野生动物种类比现在丰富很多，而现在野生动物数量大大下降了。那么就有一个问题：它们都去哪了？

据《后汉书》中记载，距今 2400 年，秦国抓捕了一个西边的羌人，名叫无弋爰剑，他是出现在《史记》里面的青海第一人。有研究说"无弋爰剑"与藏语中"奴隶"的发音很接近。后来无弋爰剑跑回老家了，秦人就开始追捕。最后他躲到了一个山洞里，秦人没有寻到，就在山上放火，但他并没有被烧死。他跑出来后流落到了河湟地区，因为在秦国做俘虏期间，学习到了一些农业技术，开始教大家种植作物。当时的河湟地区是"少五谷，多禽兽，以射猎为事"，仅仅几个字就把当时的环境都描述出来了。那实际情况是这样的吗？辛店文化的陶罐年代在距今 3400—2600 年，和《后汉书》记录的时间是一致的；有一个人拿着弓箭正在射向鹿，这个也完全与"少五谷，多禽兽，以射猎为事"的记载相符合。在青海省博物馆摆放着另外一个大陶罐，被称为彩陶之王。此彩陶出土于乐都双东坪，上面绘有一只非常漂亮的鹿，由此可见两三千年前还是有鹿存在的。循化县阿哈特拉出土的陶罐上也绘有鹿，可以看出先民对鹿是情有独钟的，鹿也是最为常见的捕猎对象（图5-14）。循化位于河湟地区，而现在河湟地区几乎看不到鹿了。另有一件柳湾出土的陶罐，陶罐上绘有鱼。甚至在我们小时候，在湟水河中还是可以看见鱼的，而现在已经很少见了，水生态环境遭到了很大的破坏。

图5-14　青铜时代辛店文化、卡约文化彩陶上的鹿（马占庭供图）

俄罗斯探险家普热瓦尔斯基，在1872年来到青海，途中经过甘肃、互助北山和大通河的上游。1872年10—11月在青海湖考察，10月27日到达青海湖，他在《荒原的召唤》一书中写道："我平生的理想实现了，探险队梦寐以求的目的地到达了！野驴可能是青海湖草原最出色的动物了，考察组在大通河上游甘肃山脉的草原地带第一次遇见了野驴。从那里到青海湖、柴达木、藏北高原一直都能看见它的踪影，但青海湖草原上的野驴最多。一般野驴群多10~50头，数百头一群的野驴我们只在青海湖草原见过一次。"他很兴奋，并说在此地度过了人生最美的时光，因为他在此地看到了丰富多彩的动植物。"野驴可能是青海湖草原最出色的动物了"这一句话提醒了我们，1872年青海湖边是有野驴的。考察组在大通河上游甘肃山脉遇见了野驴，当时青海的东部属于甘肃，在青海湖边野驴随处可见。现在青海湖边已经看不到野驴踪迹了。我们不禁会问：青海湖边的野驴去哪了？普热瓦尔斯基在准噶尔盆地曾捕获过野马，有人在1957年曾经也见过野马，但是经调查从1974年之后到现在，自然界里就没发现过野马了，野马宣告灭绝。可以说人类的猎杀对野马造成了灭绝性危害。

野生动物的灭绝和气候变化有一定的关系，但最主要的原因还是人类。可以看到大概在 5000 年前该地区可能不到 1 万人（图 5-15），后来历史上人口有波动，大概自明、清以来，人口急剧增长，这也与前面的多数证据相吻合，同时也显现出人类对环境的破坏。当然在青铜时代这种破坏就已经显现出来了，后来愈演愈烈。虽然现在高庙盆地里仍有森林，但都是人工栽培的，剩下的全是耕地，并没有野生动物的足迹。现在天然森林已经萎缩至高海拔人迹罕至的脑山地带了。即便在脑山地带，人类开垦耕地的过程都在持续（比如在脑山地带的湟中县上五庄乡），原先的自然植被很多已经被人类开垦了。

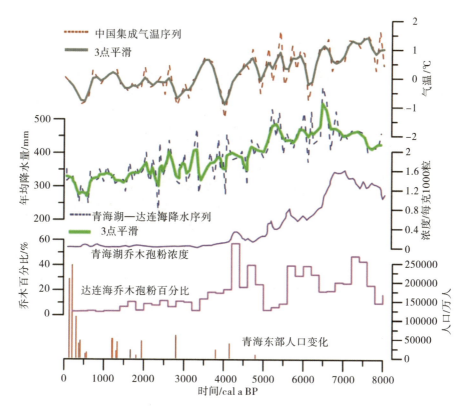

图 5-15　青海东部气候—人口变化

总之，到了青铜时代后期的卡约文化、辛店文化时期，人类活动已经遍及河湟谷地的各个角落（图 5-16）。此前的新石器时代遗址主要集中在河谷地带，但在卡约文化、辛店文化时期，遗址开始向河湟谷地的浅山、脑山地带，以及更高海拔的青海湖——共和盆地、祁连山地扩张。人类活动的范围显著扩大，强度明显增大，伴随而来的是那些野生动物和森林最后都萎缩到了人类难以到达的"深山老林"，因为人类活动而灭绝的野生动物非常多。据说第一个因为人类而灭绝的野生动物叫渡渡鸟，西方殖民者来到一个岛上，在岛上有一种渡渡鸟。它没有天敌，生活环境十分安逸，导致它的翅膀已经萎缩且飞不起来了，所以西方殖民者就将其猎杀吃掉了，渡渡鸟的灭绝完全是因为人类的捕杀。由于人类活动而灭绝的野生动物还包括中国犀牛，中国犀牛曾出现在我国云南省，大概上世纪50年代，我国正式宣告犀牛灭绝。我们人类应该引起反思与重视：保护野生动物，保护生态环境，刻不容缓。

图 5-16　青海省青铜时代后期文化遗址（红点—辛店，黑点—卡约）

青海曾经有虎？

虎在中国民间信仰体系中有着复杂丰富的内涵，它既是勇猛的化身，又是王权的象征；它既是辟邪的瑞兽，也是令人避之不及的邪祟。河湟地区民间对虎的信仰由来已久，对于生息在河湟谷地的人们来说，虎的信仰，究竟是舶来品还是本土的文化产物？历史上河湟谷地乃至整个青海高原究竟有没有存在过虎？这些疑问需要我们一一探究。

虎是典型的山地林栖动物，生存环境必须是森林或者森林和草原的相间地带，这是由虎特有的生活习性决定的。青海历史上有关虎的文字记载很少，可是虎的形象却出现在了不同时期的岩画中。仅三江源地区发现的岩画中，虎的形象就有6处。20世纪80年代，考古学者在青海湖北岸发掘出了一具较为完整的虎骨骼，鉴定得知，这只虎生存的年代在清代早期，这是青海省目前发现的唯一与虎有直接关系的考古遗存。

一、远古时代的青海适合虎的生存

说到虎，必须要联系到森林的变迁，因为森林是虎必需的生存条件。目前青海的森林大多呈岛状与带状分布，在这些森林中尚未发现虎的踪迹。青海湖以及河湟谷地的广大区域，处于温带草原、高寒草原、温带落叶阔叶林带的交界地带。从自然条件来看，这一地带不可能有虎的存在。但历史上这一区域的生态环境却并非如此，考古学资料表明，距今8000—4000年，河湟谷地与青海湖周边地区森林资源十分丰富，森林的覆盖面积要比今天大得多，那时青海的生态环境的确适合虎的生存。

二、岩画中虎的形象

青海地区一系列的考古学发现，印证了这种推断。海北藏族自治州刚察县泉吉乡海西沟一处青铜时代岩画上，也曾出现过虎的形象。虎身斑纹明显，身体雄壮威猛。凿刻于魏晋时期的海西蒙古族藏族自治州天峻县的卢山岩画，以及大约同一时期的海南藏族自治州共和县切吉乡的和里木岩画上也都出现过虎的造型。以共和县切吉乡和里木岩画虎食牛图为例，此岩画上虎的形象，条纹交错，形象生动，具有较强的写实风格；虎身纹饰为竖条纹和漩涡纹，虎牙特意打凿；身体尺寸带有艺术性夸张，数倍于牛，强调虎的威猛（图5-17）。和里木岩画上虎的造型有一个有趣的名字——虎食牛图。因为这幅岩画表现的是一只老虎正在吞噬一头牛，为了表现虎的凶猛，凿刻者有意将虎的形态放大得比牛高大好几倍。有趣的是，那头被虎吞噬的牛，从外部特征来看正是青藏高原的独有物种——牦牛。这也就意味着，这幅岩画正是先民对现实生活真实场景的再现，岩画中的虎的的确确在青海存在过。

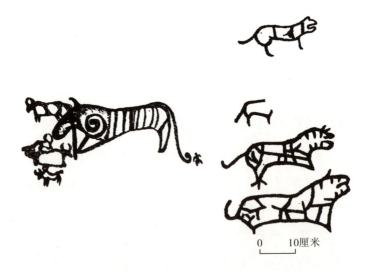

图5-17 和里木（左）和泉吉乡海西沟岩画（右）上的虎（汤惠生，2001）

三、虎的消失是生态环境变化的佐证

如果虎曾经真的在青海存在过,又是什么原因让这个物种从青海大地上消失了?人为的干扰应是导致虎从青海消失的主要原因,有学者通过对青海人口变化进行研究后发现:距今5000年左右的河湟谷地的古人类大约不足1万人;距今4300—4000年,河湟谷地的人口增加到了大约3万人;到了距今4000—3600年,河湟谷地的人口却下降到了2万人左右。距今5000年左右,正是新石器时代的马家窑文化时期,这一时期青海的气候十分温暖湿润,适合人类生存,原始农业发展较快,生产力的进步促进了人口的增长。马家窑文化类型按照时间顺序排列分为石岭下、马家窑、马厂、半山四个类型。以柳湾遗址为例,发现半山类型墓葬257座,马厂类型墓葬数量不可谓不多,可到了齐家文化时期墓葬却只有366座,说明这一时期,河湟谷地的人口并非持续性递增,而是出现了波动。出现这种波动的原因,除了河湟谷地的气候出现了持续性的干冷导致农业生产受到很大影响外,可能还有战争的因素。按照考古年代测定,早期青海人类族群出现第一次波动的时期,正值诞生在陇东地区的齐家文化西进时期。喇家遗址是青海省发现的最大的齐家文化遗址,在这一遗址中,考古学者发现过一具双腿骨折、双手反绑的尸骸,多数学者认为这具尸骸是战争俘虏。根据这个线索我们可以推断,西进的齐家文化人群到达青海后,曾经和生活在这里的马家窑文化人群发生过战争,导致了这一时期人口的锐减;加之气候的变化影响到了农业生产,从而使得生产资料变得紧张,这也是导致战争的主要原因。此后,青海进入了以畜牧业为主的文明时代。因为找到了适应气候特征的生活方式,青海的人口再一次出现了上升,到了西汉赵充国屯田河湟时,生活在青海的羌族人已经达到了5万左右。此后的历朝历代,因为不同的原因,青海人口的涨幅一直不大,有的时期,河湟谷地的汉族人口甚至不足2万人。清代乾隆年间,官方统计的青海人口猛增到了24万左右。出现这一现象的主要原因是乾隆时期政局稳定,少有战乱,老百姓得到了休养生息,人口自然就多了起来。在缺乏生态保护意识的年代里,人口的增多,不可避免地会对自然资源造成破坏。据统计,清代乾隆年间河湟谷地的河谷地带已开耕殆尽，耕地面积的增加意味着森林的减少。时任西宁道的杨应琚曾感慨地说过，湟中（泛指河湟谷地）的山，已经和老人的头顶一样不见"毛"了。青海湖边的那只虎，就出现在这一时期，这是目前已知的青海虎的最后踪迹。

根据调查，还有不少民间传说证实青海存在虎。在清晚期门源的老虎沟内，有村民称自己家的两匹马被老虎吃掉了；在上世纪40年代的门源仙米一带，有人看见一只大老虎和一只小老虎在山上转悠，到了第二年小老虎死掉了，大老虎就围着小老虎的尸体不断转圈，过了几天大老虎也非常悲伤地走了；在40年代，有人在门源用枪打过老虎，但没能将老虎打死；也是在40年代，有村民在门源看见过老虎；而在青海东部还有一个民间习俗，当小孩哭闹时，大人就会说：别哭了，别闹了，你再哭再闹"啊呜"就来了。"啊呜"是什么呢？就是指老虎。这些都从侧面证实了青海东部地区曾经确实有虎，看来青海地区老虎灭绝的时间也就是几十年前。

四、虎的丰富寓意

人类与虎的关系历来是"相爱相杀"，卢山岩画就描绘了人类用箭射虎的场景；汉代将军李广也曾因射虎出名，并留下了"射虎中石"的故事，有关"虎患"的记载，在不同时期的历史典籍中经常能见到，以至于武松打虎的故事在我国几乎家喻户晓。流传于今天黄南藏族自治州同仁县的"於菟"就是一种典型的虎文化（图5-18）。

专家考证，於菟就是古语"老虎"的意思。当地人认为，农历十一月二十是"黑日"，这一天黑夜最长、白昼最短，各种邪祟很容易出来作怪，所以当地人就将男青年打扮成老虎的样子，用于驱逐邪祟；也有学者认为，於菟本身就是邪祟的化身，汉朝跳於菟的仪式在中原地区十分流行。但是虎也因为勇猛的性情，被赋予了更为丰富的文化内涵，拥有了多重的文化个性。虎曾是王权的象征，发生在战国时期"窃符救赵"的故事中的重要道具兵符就是虎的形象；出土于青海省海北藏族自治州海晏县的虎符石匮，代表着中央政权对青海的统治，它的主体造型也是一只伏虎；出土于青海

图 5-18　同仁於菟（崔霜林 摄）

省海南藏族自治州贵南县的宋朝虎面瓦当，也有着同样的寓意。虎对王权的象征意义，甚至还延续到了清代。清王朝统一中国后，将游牧在青海境内的蒙古族部落编为左、右两翼盟。由清廷礼部颁发给海西左翼前旗管旗扎萨克铜印上的印钮，就是一只生机勃勃的老虎，高 11 cm，宽 5 cm，印面为"海西左翼前旗管旗扎萨克铜印"字样，边款有"礼部造"字样。

图 5-19　瞿昙寺虎啸石（左）与海西左翼前旗管旗扎萨克铜印虎钮（右）

印章造型为伏虎，象征统治者的威严和权力。铜印雕铸细腻，通身细纹代表虎的皮毛，虎斑变为叶形纹，美艳鼻采用夸张手法。虎的形象也经常出现在寺院中，比如瞿昙寺有一"虎啸石"，老虎形象阴刻在自然石块上，造型准确、刻画精细、线条流畅、构图合理、古拙雅致、浑然一体，富有藏族绘画特点，将写实性、理想性与装饰性融为一体。在民间，虎的形象运用得更广。虎被赋予了勇敢无畏、祈福辟邪的含义，因此被广泛运用于年画、窗花、婴儿衣饰之中。流传在河湟谷地的虎文化，更是中华民族多元一体和河湟文化多元汇聚特征的体现，这是虎文化的当代意义和时代价值。

参考文献

AO H, ROHLING E J, STRINGER C, et al. Two-stage mid-Brunhes climate transition and mid-Pleistocene human Diversification[J]. Earth-Science Reviews, 2020, 210: 103354.

CHEN Y C, HOU G L, CHEN X L, et al. New perspectives on the Late Pleistocene peopling of the Tibetan Plateau: the core-and-flake industry from the Tongtian River Valley[J]. Antiquity, 2021, 1-18.

HUANG X Z, LIU S S, DONG G H, et al. Early human impacts on vegetation on the northeastern Qinghai-Tibetan Plateau during the middle to late Holocene[J]. Progress in Physical Geography, 2017, 1-16.

LISIECKI L E, RAYMO M E. A Pliocene-Pleistocene stack of 57 globally distributed benthic $\delta 18O$ Records[J]. Paleoceanography. 2005, 20(1).

LIU F, ZHANG S, ZHANG H, et al. Detecting anthropogenic impact on forest succession from the perspective of wood exploitation on the northeast Tibetan Plateau during the late prehistoric period[J]. Science China Earth Sciences, 2022, 65.

ZHANG D D, BENNETT M R, CHENG H, et al. Earliest parietal art: Hominin hand and foot traces from the middle Pleistocene of Tibet[J]. Sci Bull, 2021.66: 2506-2515.

ZHANG D J, XIA H, CHEN F H, et al. Denisovan DNA in Late Pleistocene sediments from Baishiya Karst Cave on the Tibetan Plateau[J]. Science, 2020, 370(6516): 584-587.

ZHANG M H, YAN S, PAN W, et al. Phylogenetic evidence for Sino-

Tibetan origin in northern China in the Late Neolithic[J]. Nature, 2019, 569(7754): 112–115.

ZHANG X L, HA B B, WANG S J, et al. The earliest human occupation of the high-altitude Tibetan Plateau 40 thousand to 30 thousand years ago[J]. Science, 2018, 362: 1049–1051.

曹兵武. 百年仰韶逐步解开华夏传统形成的奥秘[N]. 社会科学报, 2021-12-02(008).

陈发虎, 夏欢, 贾真秀, 等. 手脚印遗迹可能指示夏河丹尼索瓦人距今20万年前生活在青藏高原腹地[J]. 中国科学: 地球科学, 2022, 52(5): 966–969.

陈剑. 波西、营盘山及沙乌都——浅析岷江上游新石器文化演变的阶段性[J]. 考古与文物, 2007, (5): 65–70.

杜冠明. 汉藏语言的谱系[J]. 民族语文, 2008, (2): 3–15.

盖培, 王国道. 黄河上游拉乙亥中石器时代遗址发掘报告[J]. 人类学学报, 1983, 2(1): 49–59.

甘肃省文物考古研究所. 追寻"玉石之路"的踪迹. 2020-04-28.

高东陆, 许淑珍. 青海湟源莫布拉卡约文化遗址发掘简报[J]. 考古, 1990, 11: 1012–1016.

韩建业. "彩陶之路"与早期中西文化交流[J]. 考古与文物, 2013, (1): 28–37.

侯光良, 魏海成, 鄂崇毅. 青藏高原东北缘全新世人类活动与环境变化——以青海湖江西沟2号遗迹为例[J]. 地理学报, 2013, 68(3): 380–388.

黄春长, 郭永强, 张玉柱, 等. 青海官亭盆地喇家遗址全新世地层序列与史前灾难研究[J]. 中国科学: 地球科学, 2019, 49(2): 434–455.

黄慰文, 陈克造, 袁宝印. 青海小柴达木湖的旧石器//中国科学院中澳第四纪合作研究组//中国—澳大利亚第四纪学术讨论会论文集[C]. 北京: 科学出版社, 1987: 168–175.

兰措卓玛. 青藏高原早期交流路线的形成及演变研究[D]. 西宁: 青海师范大学, 2021.

李浩. 阿舍利技术与史前人类演化[J]. 科学, 2019, 71(3): 10–14.

李旻. 重返夏墟：社会记忆与经典的发生[J]. 考古学报, 2017, 3:287–316.

李谅. 青海省长宁遗址的动物资源利用研究[D]. 长春：吉林大学, 2012.

林梅村. 塞伊玛—图尔宾诺文化与史前丝绸之路[M]. 上海：上海古籍出版社, 2019.

刘向军. 晚第四纪青海湖高湖面年代学研究[D]. 西宁：中科院青海湖盐湖研究所, 2011.

刘斌, 王宁远, 陈明辉, 等. 良渚：神王之国[J]. 中国文化遗产, 2017, 3:4–21.

刘莉, 陈星灿. 中国考古学：旧石器时代晚期到早期青铜时代[M]. 北京：生活·读书·新知三联书店, 2017.

刘羽阳. 中国古代家马研究的回顾与展望[J]. 南方文物, 2014, (1): 74–77.

吕红亮, 韩芳, 何元洪, 等. 青海玉树州参雄尕朔遗址2013年发掘简报[J]. 考古, 2021, (10): 3–15.

尼玛江才. 玉树岩画[M]. 西宁：青海人民出版社, 2016.

乔虹, 李冀源. 新发现：考古揭露"宗日遗址第一灶"拓宽对宗日人生活场景的认识[J]. 文博中国, 2013: 11–17.

乔虹. 化隆安达其哈遗址[M]// 任晓燕, 再现文明. 北京：文物出版社, 2013.

青海省湟源县博物馆, 青海省文物考古队, 青海省社会科学院历史研究室. 青海湟源县大华中庄卡约文化墓地发掘简报[J]. 考古与文物, 1985, 6: 76–82.

青海省文物管理处考古队, 中国社会科学院考古研究所. 青海柳湾[M]. 北京：文物出版社, 1984.

青海省文物考古队, 海南藏族自治州群众艺术馆. 青海贵德山坪台卡约文化墓地[J]. 考古学报, 1987, 2: 255–274.

申旭. 藏彝走廊与茶马古道[J]. 西藏研究, 1999, (1): 7.

石硕. 藏彝走廊：文明起源与民族源流[M]. 成都：四川人民出版社, 2009.

孙宏开. 从几个数词的同源关系看汉藏语系语言的历史遗存[J]. 语言科学, 2018, 17(6): 561–579.

孙宏开. 研究藏缅语族语言亲缘关系服务一带一路建设[N]. 中国社会科学

报, 2017-11-16.

汤惠生, 周春林, 李一全, 等. 青海昆仑山山口发现的细石器考古新材料 [J]. 科学通报, 2013, 58(3): 247-253.

汤惠生. 青海岩画 [M]. 北京: 科学出版社, 2001.

吴山. 中国新石器时代陶器装饰艺术 [M]. 北京: 文物出版社, 1982.

王红. 长江源的探寻与认定 [J]. 武汉科技大学学报 (社会科学版), 2004, 6(1): 55-60.

王倩倩, 王忠信, 刘林, 等. 青海互助县金禅口遗址发掘简报 [J]. 四川文物, 2020, (1): 4-21.

王倩倩, 甄强. 青海齐家文化时期生业模式的构成与差异 [J]. 青海师范大学学报 (社会科学版), 2021, 43(2): 77-82.

王玥, 李国华, 乔虹, 等. 西宁市城北区沈那遗址 1992—1993 年发掘简报 [J]. 考古, 2022, (5): 3-23.

陈正祥. 西北考察记 [M]. 桂林: 南天出版社, 1988.

西藏自治区文物管理委员会, 四川大学历史系. 昌都卡若 [M]. 北京: 文物出版社, 1985.

夏霖, 杨奇森, 相雨, 等. 青海祁连山地区兽类分布格局及动物地理学分析 [J]. 兽类学报, 2003, (4): 295-303.

肖永明. 青海东部地区仰韶文化的发展阶段探析 [J]. 青海民族大学学报 (社会科学版), 2013, 39(4): 58-62.

谢端琚. 甘青地区史前考古 [M]. 北京: 文物出版社, 2002.

乙海琳, 宋艳波, 肖永明. 青海化隆县沙隆卡遗址动物遗存研究 [J]. 北方文物, 2020, (05): 66-77.

袁靖. 中国古代家养动物的动物考古学研究 [J]. 第四纪研究, 2010, 30(2): 298-306.

赵珍珍, 肖永明, 郭荣臻, 等. 青海化隆沙隆卡遗址生业经济研究——来自淀粉粒的证据 [J]. 考古与文物, 2021, (6): 120-125.

郑喆轩, 冯玥, 谭培阳, 等. 四川稻城县皮洛旧石器时代遗址 [J]. 考古, 2022(7): 3-14.

中国科学院自然科学史研究所地学史组. 中国古代地理学史 [M]. 北京: 科

学出版社, 1984: 140-142.

中国青海柳湾彩陶博物馆, 中国社会科学院考古研究所. 青海柳湾彩陶选粹 [M]. 上海：上海古籍出版社, 2014.

中国社会科学院考古研究所, 西藏自治区文物局. 拉萨曲贡 [M]. 北京：中国大百科全书出版社, 1999.

左豪瑞. 中国家羊的动物考古学研究综述和展望 [J]. 南方文物, 2017, (1): 155-163.

后 记

　　青海地处祖国的大西北,加之在高耸入云的青藏高原,自然环境较为严酷,因此在很多人眼里,这里的人类活动历史短,文化底蕴薄,文物遗迹贫乏。近些年的一些重大考古学发现证实这里的人类活动历史非常悠久,改变了大家传统的认识。环境如此恶劣,人类为什么在这里活动,他们什么时候去的,他们是怎么去的,他们为什么去,他们在那里如何生存等诸多问题一下子映入人的脑海,极大地引发了人们的好奇心,成为世人关注的热点。大家也意识到尽管这里海拔高、高寒缺氧,但这里不缺热情,不缺勇气。只要有人在的地方,就有文化,就有历史。青海这片热土也不乏文化与历史,比如中国最早的地理学著作,也是中国最早古籍之一的《山海经》中,关于昆仑山的记载,大致就在青海地域内,而昆仑山的主人就是中国传统神话里的一位女神——西王母。这个记载一下子把西陲边地上的主人和中原内地所敬仰的女神相关联,既反映出青海大地有悠久的历史,深厚的文化底蕴,也说明早在遥远的时代,青海的人与事已经纳入中华文明宏大的叙事诗篇中了。青海的历史文化不仅悠久,而且比较独特。因为这里不仅是古代人群赖以繁衍生息的地方,也处于东西方文化交流的要冲,不同的民族、各种灿烂的文化在此邂逅、交融,从而盛开异常鲜艳的花朵。

　　当然,青海因地理位置不佳导致社会经济发展滞后也是不争的事实,所以难以发出自己的声音,外界的关注度也不够高,甚至会闹出一些笑料。前些年青海人去外地出差,别人问起从哪里来,回答青海时,有人会误认为是青岛,让人啼笑皆非。再加之许多科学研究发现,往往发表在专业的学术刊物上,有比较严谨的体例和复杂的研究方法,略显专业与深奥,很多情况下处于"酒香巷子深"的境遇,普通公众很难知晓,或者缺乏了解的途径。

后 记

  这些都大大影响了大家对青海地理、历史文化的认知，本是一朵色彩异常艳丽的花朵，却无人知晓。有鉴于此，笔者作为深爱青海这片热土的一介草民，深感有责任宣传青海的地理、历史文化，想通过本书告诉读者，青海不仅有壮美的自然风景，更有绵远深厚的历史文化，要让大家知道她的美，让普通大众领略她的万种风情。因此本书在撰写过程中力争将科学发现的严谨性和科学性展现出来，又不失通俗易懂、生动有趣，尽量将二者有机结合，这便是本文撰写的初衷与风格。当然由于笔者学识浅薄，文字浅陋，书稿中存在不少误漏，敬请大家批评指正！

  近年来，考古研究成果层出不穷，书中聚焦的是青海，但是实际叙述地域范围不仅仅局限在青海，而是与青海相关的青藏高原及其周边区域。因为作为文化，青海文化显然不是孤立的，势必与周边存在诸多联系。本书所述时段从中更新世的旧石器时代中期直到青铜时代，以史前石器、陶器、玉器、岩画等实物为根蒂，选取部分比较有代表性文物遗存，每个时代着墨各有不同，并没有反映整体面貌，而是各有侧重进行阐释。这些文物本身是一件件冷冰冰的器物，但是如果深入地挖掘其蕴含的文化、考古与历史内涵，瞬间就有了生命力，变得有血有肉，它们会告诉世人它们所经历的风和雨。它们是时光的遗存、历史的见证。通过它们得以穿越青海古老的历史，进而讲好青海故事，树立文化自信。

  本书的完成得到许多朋友的指导与帮助，中国人民大学韩建业老师给予我莫大的鼓励与指教，为本书作序，对本书来说真可谓是蓬荜生辉。序言中对青海的史前文化观点可谓是高瞻远瞩，一语中的，切中要害，韩老师罗列的每一条都是前沿问题，都是重大课题，对我启发很大，受益匪浅；感谢青海师范大学曹广超、洛加才让、毛旭锋、曹昱源、武启云、李美华、王小明等老师给予的大力支持；兰州大学董广辉、浙江省文物考古研究所陈明辉、首都师范大学陈宥成、青海省文物局周存云和马占庭、青海省文物考古研究所乔虹和王倩倩、青海省博物馆王进先、王建新、黄培培，《三江源生态》的唐涓、新华社任晓刚、摄影家李善元、青海湖景区保护利用管理局李斌、青海民族大学陈晓良等也提供了热情指导与帮助。感谢青海省地理空间和自然资源大数据中心的黄彦丽、陈生莲和刘海军等人制作了部分地图图件。此外，书中部分内容是与《西海都市报》李皓老师、博士生马斌成和侯志瑞等合作完成，硕士生敖民参与完成了全文的校对与整理，在此也一并表示感谢！

侯光良

2022.12

后 记

　　这些都大大影响了大家对青海地理、历史文化的认知，本是一朵色彩异常艳丽的花朵，却无人知晓。有鉴于此，笔者作为深爱青海这片热土的一介草民，深感有责任宣传青海的地理、历史文化，想通过本书告诉读者，青海不仅有壮美的自然风景，更有绵远深厚的历史文化，要让大家知道她的美，让普通大众领略她的万种风情。因此本书在撰写过程中力争将科学发现的严谨性和科学性展现出来，又不失通俗易懂、生动有趣，尽量将二者有机结合，这便是本文撰写的初衷与风格。当然由于笔者学识浅薄，文字浅陋，书稿中存在不少误漏，敬请大家批评指正！

　　近年来，考古研究成果层出不穷，书中聚焦的是青海，但是实际叙述地域范围不仅仅局限在青海，而是与青海相关的青藏高原及其周边区域。因为作为文化，青海文化显然不是孤立的，势必与周边存在诸多联系。本书所述时段从中更新世的旧石器时代中期直到青铜时代，以史前石器、陶器、玉器、岩画等实物为根蒂，选取部分比较有代表性文物遗存，每个时代着墨各有不同，并没有反映整体面貌，而是各有侧重进行阐释。这些文物本身是一件件冷冰冰的器物，但是如果深入地挖掘其蕴含的文化、考古与历史内涵，瞬间就有了生命力，变得有血有肉，它们会告诉世人它们所经历的风和雨。它们是时光的遗存、历史的见证。通过它们得以穿越青海古老的历史，进而讲好青海故事，树立文化自信。

　　本书的完成得到许多朋友的指导与帮助，中国人民大学韩建业老师给予我莫大的鼓励与指教，为本书作序，对本书来说真可谓是蓬荜生辉。序言中对青海的史前文化观点可谓是高瞻远瞩，一语中的，切中要害，韩老师罗列的每一条都是前沿问题，都是重大课题，对我启发很大，受益匪浅；感谢青海师范大学曹广超、洛加才让、毛旭锋、曹昱源、武启云、李美华、王小明等老师给予的大力支持；兰州大学董广辉、浙江省文物考古研究所陈明辉、首都师范大学陈宥成、青海省文物局周存云和马占庭、青海省文物考古研究所乔虹和王倩倩、青海省博物馆王进先、王建新、黄培培，《三江源生态》的唐涓、新华社任晓刚、摄影家李善元、青海湖景区保护利用管理局李斌、青海民族大学陈晓良等也提供了热情指导与帮助。感谢青海省地理空间和自然资源大数据中心的黄彦丽、陈生莲和刘海军等人制作了部分地图图件。此外，书中部分内容是与《西海都市报》李皓老师、博士生马斌成和侯志瑞等合作完成，硕士生敖民参与完成了全文的校对与整理，在此也一并表示感谢！

侯光良

2022.12